杜甫这辈子
天地一沙鸥

侯海荣 著

中国言实出版社

图书在版编目(CIP)数据

杜甫这辈子. 天地一沙鸥 / 侯海荣著. -- 北京：中国言实出版社, 2024.6. -- ISBN 978-7-5171-4851-7

Ⅰ. K825.6

中国国家版本馆 CIP 数据核字第 20241KJ232 号

杜甫这辈子：天地一沙鸥

责任编辑：	薛　磊　李　岩
责任校对：	朱中原

出版发行：	中国言实出版社
地　　址：	北京市朝阳区北苑路180号加利大厦5号楼105室
邮　　编：	100101
编辑部：	北京市海淀区花园北路35号院9号楼302室
邮　　编：	100083
电　　话：	010-64924853（总编室）　010-64924716（发行部）
网　　址：	www.zgyscbs.cn　电子邮箱：zgyscbs@263.net

经　　销：	新华书店
印　　刷：	北京中科印刷有限公司
版　　次：	2024年7月第1版　2024年7月第1次印刷
规　　格：	787毫米×1092毫米　1/32　7.5印张
字　　数：	150千字

定　　价：	53.00元
书　　号：	ISBN 978-7-5171-4851-7

目 录

壹　南下成都 \1
百年歌自苦　代代有知音 \ 1
杜甫一生，颠沛流离。
一次无奈的南下「置业」
为何成为后人追忆杜甫的必达之地？

贰　草堂悲喜 \25
杜甫在成都写下了许多诗篇，
蜀地生活对杜甫诗风的改变有着怎样的意义？

叁　再度流亡 \47
平静安稳的草堂生活为何戛然而止？
杜甫又为何再次踏上流亡之路？

肆　幕府风波 \71
为何称杜甫为「杜工部」？
在成都草堂安逸生活后，
杜甫又是如何从少陵野老进入幕府当中的？

1

伍　夔州风情 \93
杜甫因何与夔州结缘？
杜甫的到来，
给这片古老的土地注入了怎样的文化底蕴？

陆　孤城杂忆 \117
夔州时期，
杜甫为何诗兴大发？
这些诗的共同主题是什么呢？

柒　秋日感怀 \137
夔州时期，
杜诗的风格有了怎样的变化？
杜甫又为何频频为夔州之秋作诗？

捌　江汉萍踪 \159
杜甫为何决意离开安定的夔州远下江陵？
徙居汉江的旅途又让杜甫留下了怎样的人生喟叹？

玖　涕尽湘江 \181
杜甫为何离鄂入湘？
他又为何频繁辗转于湖湘大地之间？

拾　千秋诗圣 \203
一代诗坛巨擘陨落，
杜甫生命最终的际遇如何？
他又为何能获得「千秋诗圣」的至高殊荣？

2

百年歌自苦　代代有知音

一

中国古代文学研究视域，"杜诗学"跻身显学。杜甫精神，已内化为中国传统知识分子灵魂的一部分。尽管研究杜甫的鸿篇巨制汗牛充栋，"诗圣"的生平梳理亦呈示不同面向，春潮带雨，生气淋漓。美则美矣，然文坛之健康生态链条，定是更新迭代。海荣的《杜甫这辈子》，由上中下三部组成，此乃定位于"轻阅读"的文化普及图书。虽非创榛辟莽，厥功甚伟，绝非续貂。

《杜甫这辈子》是作者在央视《百家讲坛》讲稿基础上的纸媒面世，也是作者多年来潜心解读杜甫其人其作思想精华的完美绽放。该著以广博的视野及流畅的笔触，拾掇散珠碎玉般的杜诗，既对诗人个体生命意义展开内在凝视，又充盈着对历史文化的整体观照，别具一番气韵。

海荣教授是我 2009 年的得意门生，当年专业课以近乎满分的成绩考取博士，就连外语成绩都九十多分。我的课堂历来是"百家争鸣式"的课堂，记得当年的讨论课，每当我在课堂抛出一个话题，她从来不主动发言，当她"被点名"不得不发言时，不鸣则已，一鸣惊人，第一次给我的印象是"锦心绣口，文采斐然"，第二次给我的印象还是"锦心绣口，文采斐然"，一直无限循环下去。

海荣的讲座大获成功，这是在我预判之内的事儿。我七十多岁理工科出身的二姐持续"跟踪"热播阶段的节目，向我微信传达她的激赏与盛赞。在北京读者见面会上，《百家讲坛》总编导魏学来先生，将海荣与老一辈权威学者相提并论，而且发自肺腑。海荣博闻强记，才华横溢，得到总编导如此之高的评价，我作为海荣当年的博士生导师，确实无比欣慰。

如何成为优秀的学术传播者和演讲者，换言之，如何才能成为大众喜爱的学术说书人？这是值得思考的一个问题。把枯燥乏味的"百度体"恰如其分地进行转换，实非易事。只有在思想性和学术性的基础上，将听众的耳朵和眼睛再加上心情都调动起来，加之控制好抑扬顿挫的节奏感，才能具有演讲的音乐性和诗意性。

通俗不是肤浅。它只是打破了多年来教科书的话语模式，不再一味"阳春白雪"，令人望而却步。学术研究的根本性目的，就在于以史鉴今，烛照人类的当下和未来。记得胡适先生曾经讲鲁迅的故事,鲁迅一开始写的文言作品,出版后只卖出二十多本,其中还包括鲁迅自己购买的。后来,鲁迅转向写白话小说,才成为中国现代文学的伟大旗手。这里面当然不仅仅是白话文写作和通俗化传播,还有更为深刻的思想因素。海荣的《杜甫这辈子》,用自成一家的语言风格演绎杜甫的一生,通篇文字非常个性化,但看似轻松的文字背后,却是坚实的材料支撑,每一首诗的解读,都尽力回到它们原本赖以产生的原生态土壤和环境中,回到诗人写作的"历史进行时"中,进而沉浸式感受文本中作者炙热的情感温度、心魂律动,走入"诗圣"坎坷颠踬的内心深处。海荣的《杜甫这辈子》,打破固有的"年谱式"阐释框架,让杜甫的人生沟壑在悬念设置的推动下渐次铺展,窥见诗人的嘉言懿行和愁眉蹙额,既灵动丰沛又不失阔大气象。

二

谈及杜甫,势必要谈及杜甫"超凡入圣"的由来。杜甫号称"诗圣",正如很多学者所论述,在其生前身后,有相当长一个时期,杜甫的诗史地位并不崇高。

杜甫其人其作在诗人即将离世之际,仍旧淹没在盛唐时代多如灿烂群星的光环之下,并未能像他自己所期许的"自谓颇挺出,立登要路津",还仅仅停留在自我的自信与期许之中。

为何后来被文学史公认为最为伟大的诗人杜甫,在当时却不被看好?简单而言,杜甫其人,在当时的盛唐时代,就不是一个合于主流思想的人。杜甫生活在盛唐时代,一方面在思想史上道家与佛禅成为文化主流;另一方面,文学中国大行其道,诗歌遂成为华夏文化的主要载体,遂有王维,乃承佛教衣钵;遂有李白,乃以道家道教而为自由飞翔之羽翼;遂有杜甫,乃以诗学中国之载体;而承载建安以来早已衰落的周公孔子孟子的儒家学说,遂开北宋道学之先河。因此,王维李白的诗歌,乃为当时代的宠儿,而杜甫诗作,不能吻合于时代的流行思潮,但却被后来者奉为圭臬。

不过,不论儒家的经学在六朝初盛唐实际上怎样沦落,但毕竟是整个时代的道德旗帜,不论道家与佛禅怎样成为士人安心立命的精神归宿和精神家园,儒家思想仍旧是堂而皇之的大道理,罕见这个时代的士人有试图超越这种思想桎梏者,但凡涉及家国大事的命题,儒家伦理道德,仍旧是时代的正能量,是堂堂正正指引人生的大纛。因此,初盛唐时代罕见出现杜甫这样以个体诗歌写作记录时代,堂堂正正阐发儒家思想的诗人,杜甫就像被深埋于泥土之中的金子,早晚会被发掘出来而成为诗史的圣者。

在杜甫身后其名望被评为"诗圣"并与李白并列而为"李杜",其关键的评价其实出自元稹、白居易、韩愈三人。元和八年,元稹作《杜工部墓志铭》,提出"诗人以来,未有如子美者",这就将杜甫的诗歌史地位提升到前所未有第一人的地位。

三

杜甫的诗歌写作,早期优秀作品能进入到诗集的并不多,更多的生活积累和苦难的人生磨砺,才是他超凡入圣的不二法门。

正如杜甫在《咏怀五百字》之中所担忧、所预感的那样,"忧端齐终南,澒洞不可掇",安史之乱果然就在这君臣欢宴的火山顶上爆发。就在杜甫经过骊山之际,安史之乱同时爆发。天宝十五载二月,杜甫告别留在奉先的家人,独自返回长安,就任兵曹参军职务,当年五月,叛军已经兵临潼关。杜甫急忙赶往奉先,携家小逃难到鄜州,安置于鄜州城北的羌村,八月,杜甫听说肃宗在灵武即位,杜甫只身北上延州,在途中被叛军被捕,押解到长安。杜甫写作有《哀江头》《春望》等著名诗篇。

杜甫由《兵车行》的京城的旁观者视角写作对战争的揭露,到《咏怀五百字》省亲一路所见所闻所思所想,再到《哀江头》自己本人成为叛军俘虏,成为战争之中的一部分，由此开始，杜甫自己从战争的批判者、思考者到被迫卷入到战争本身，自身连同家庭的命运，已经与时代融为一体，安史之乱将杜甫从原本是传统的奉儒守官的儒士的人生世界，飞跃成为与时代同命运共呼吸的诗人，由此，必然会走向超凡入圣的诗圣人生。

杜甫被称为"诗圣"。他不同于飘逸的"诗仙"李白，也不同于如同静寺古刹的"诗佛"王维。他在诗歌领域里，俨然如同哲学伦理界之孔丘、孟子。而他的诗被称作"诗史"，是由于他以诗的载体，来容纳历史的容量，并且多寓春秋笔法，满含褒贬爱憎之恨。俨然如同史学界之左丘、司马迁。掩卷而思，以安史之乱为中心，举凡当时前前后后的政治事件、军事战役，甚至当时的经济、外交，在他的诗中都有记载和反映。

进入到西南漂泊的晚年人生阶段之后，杜甫诗歌的特点：首先，是在安史之乱中形成的独特特色，给予了进一步的升华，由战乱时期的纪实性写作，转向了对于时代、社会、自我人生的总结性思考和写作，更加追求诗歌的艺术技巧，所谓"老来渐于诗律细"，所谓"沉郁顿挫"艺术风格的形成，基本都是在这一人生阶段完成的；其次，战乱时期形成的诗史写作，并尾随着偏安西南的漂泊生活而消隐，对少数苦难的关注，对战乱的平定，始终是杜甫晚年人生的关注焦点之一。安史之乱的诗歌记载者，盛唐后期的诗史记录人，成为杜甫从此挥之不去的心灵深处的情结，也是杜甫生前身后无法抹杀的鲜明标志。此两者并不矛盾，而是互为表里，互为因果，杜甫在对时代的关注下推动了诗歌的表达空间和艺术手法，而晚年对诗律艺术表达的有意追求，也成为杜甫时刻捕捉人生经历之中的各种素材提炼入诗。

四

海荣的《杜甫这辈子》，并非将杜诗衰辑展其完璧，而是定格杜甫生平的某些动人瞬间。本书的一大特点，就是穿透杜诗的文本肌理，展开文字的褶皱，为读者解惑的同时，以杜诗为载体，探寻杜甫诗里的孤寂、覃思、遗憾、感喟，袒露杜甫不同人生阶段的心灵动态与转变轨迹，氤氲磅礴，芬芳悱恻。该著富于节奏感的叙事特质，自出机杼，触手生春，带给读者超强的美感震撼。海荣的《杜甫这辈子》，在我看来有三大特点：

第一，真情解读。讲杜甫自然离不开讲杜诗。深入到杜甫个人对时代、社会的深邃思考之中，从而将其个人的人生遭际与儒家所谓家国情怀整合而为一体，从而实现以小我透视大我，以个人的一滴水透视汪洋大海的波澜壮阔。

作者用情写诗，学者也要用情讲诗。海荣讲杜诗，不是站在局外，而是"神交"，让读者领略到诗圣"真性情""普通人"的一面,从而达到理解的同情。比如,对《月夜》《望岳》《春望》《赠卫八处士》以及"三吏三别"的解读,厚积薄发,很见功力。譬如,作者围绕杜甫羁于长安,遥念鄜州,从《月夜》一诗,读出杜甫的五张面孔:第一张面孔,浪漫的杜甫。第二张面孔,暖心的杜甫。第三张面孔,惭愧的杜甫。第四张面孔,脆弱的杜甫。第五张面孔,博大的杜甫。再如,作者抓住杜甫探家这个特殊节点,作者又指出,作为唐代五古长篇的扛鼎之作,《自京赴奉先县咏怀五百字》堪比五个角度的五篇书信:这是一篇披露诗人心迹的告白书;这是一篇表达人生理想的宣言书;这是一篇鞭挞社会不公的抗议书;这是一篇感怀世道离散的亲情书;这是一篇抒发悲悯情怀的苦难书。通过杜诗的经典之作与杜甫的人生片段,深度破解诗人的生命符码。斟酌归纳,戛戛独造。

第二,深度解读。海荣讲述的《杜甫这辈子》,涉及许多文化层面,海荣没有避重就轻,而是恰如其分地阐释了与其相关的科举文化、官职制度、文学母题、东方美学、儒家思想,等等,无疑具有丰富的学理深度与文化厚度。唯有尊重历史,方能入其堂奥,加之抉隐发微,不落窠臼。本书不同章节,始终将史与诗的内在绾合起来。譬如第七章,对于杜诗"主上顷见征,欻然欲求伸。青冥却垂翅,蹭蹬无纵鳞"的幕后真相,作者对

"野无遗贤"进行考证，得出李林甫操作科场的基本步骤：制造一个冠冕堂皇的借口，假造一个貌似合理的程序，营造一个"严肃认真"的现场，改造一个"防不胜防"的考题，编造一个美其名曰的说辞。作者看似轻松解颐的文字，完全以"学术"态度撰写"非学术"著作，这就使得该著诗史合一，理据十足。

第三，趣味解读。海荣的文字有意思、接地气、既赏心、又悦目。对作家作品的研究，如果宏观概括，无外乎学术的研究、功利的研究和生命的研究三大类。生命的研究，即以阅读和输出的方式在杜诗里穿梭修行，与杜诗完成精神交流。海荣的研究，大体属于"生命的研究"。

海荣在《百家讲坛》圈粉无数，也让我回忆起2002年我在《百家讲坛》讲述"唐宋词体的演进"，当时的讲法，还是比较学术化的，到现在二十余年，讲坛的讲法已经发生巨大变化，怎样让枯燥的学术研究走入大众视野，这是专门研究学术的学者值得深思的问题。

青出于蓝而胜于蓝。我坚信，海荣一定会有更多更新更好的大作奉献给喜爱她的读者。

木斋

2024年6月16日

（吉林大学文学院博士生导师，世界汉学研究会会长，中国苏轼研究会副会长）

壹 南下成都

杜甫一生，颠沛流离。一次无奈的南下『置业』为何成为后人追忆杜甫的必达之地？

【文前按语】

公元759年，安史之乱祸乱朝纲已满四年之久，战火焚烧着大唐王朝的盛世。百姓流离，饿殍遍野。"存者且偷生，死者长已矣"。杜甫虽有满腹理想，却无施展之地，更何谈建功立业。无奈之下，杜甫举家南迁至成都。

在成都，杜甫有逢故友、盖草堂、得安宁之喜，也有别茅屋、寄篱下、悲社稷之忧。在杜甫人生的最后十年，他看遍大唐繁花落，吐尽人间疾苦词。一代"诗圣"也难逃现实的残酷。

那么，南下成都，杜甫经历了怎样的波折？"万里桥西一草堂，百花潭水即沧浪"。成都的杜甫草堂又见证了诗人怎样的悲喜？

01

假如唐朝就有"成都文旅",我想,杜甫到成都,一定是当年最爆的新闻。

今天的成都,妥妥的新一线城市,既是成渝地区双城经济圈核心城市,也是"世界美食之都"[1],热辣滚烫的不止人生,还有成都的火锅。其实,唐朝那会儿,成都已经非常耀眼了,而且是一座开放之城,有道是:"自古诗人皆入蜀。"那如果在诗人圈里,遴选史上最强的成都代言人,杜甫位列排行榜的榜首,概率非常大。

杜甫为啥去了成都呢?

众所周知,自从安史之乱以来,杜甫就过上了无法预知的"暗夜生活"。战争、饥荒、贬谪、逃亡,一连串的打击。每到一处,杜甫以为的终点,都不过下一个起点的铺垫。

到了安史之乱的第五年,也就是公元759年,诗人的辛苦和心酸,再次刷新了底线。杜甫在这一年当中,春天从洛阳还华州,秋天由华州赴秦州,冬天由秦州赴同谷,再由同谷赴成都。[2] 所以,杜甫是从哪儿走的?同谷。从省份上来讲,是从甘肃去往四川。

---

[1] 联合国教科文组织创意城市网络授予成都"世界美食之都"称号。
[2] 见唐代杜甫《发同谷县》:"奈何迫物累,一岁四行役"。

杜甫一大家子举家搬迁,这可不像"特种兵式旅游",怎么能说走就走。那成都为啥成了杜甫的首选?[1] 仔细琢磨琢磨,这里的原因能搭上边就算,可以列个四五六条,压缩一下,我认为主要是两个"给力":

从地理环境来说,成都是个好地方,气候温和,物产丰富。这里是古蜀文明的发祥地。四川自古就享有八个字的美誉:巴蜀之地,天府之国。趋利避害是人类生存的本能。当时杜甫啥情况?一言以蔽之,在同谷,杜家的生活水平"断崖式下降",几陷绝境。缺吃的,自然要找个富庶的地方;少穿的,自然要找个暖和的地方。

比这更关键的一点是,大乱爆发,狼烟骤起,大唐天子往哪里逃?就连唐玄宗不都去成都避难吗?"九重城阙烟尘生,千乘万骑西南行"[2]。灯火绚烂的京都长安,已是风雨飘摇,"烟尘生",哪里在烟尘外呢?杜甫写诗说"锦里烟尘外,江村八九家"[3]。今天的锦里,是有名的商业街,

---

[1] 四川省杜甫学会副会长祁和晖认为,杜甫来成都的原因有五个方面:一是验证安史之乱中,杨国忠提出前往蜀都避难的决定是否正确;二是朝廷提出将四个地区的城市为直辖都城,成都被定为南京,但名字并没被保留下来,他想来这里寻找原因;三是成都自古以来没有经历过动乱,这一点引发杜甫的好奇;四是传言成都是一个美丽的都城,他想亲眼来看看;五是带着"诗与远方"的情怀,想去陌生的地方看看。
[2] 见唐代白居易《长恨歌》。
[3] 见唐代杜甫《为农》。

号称"西蜀第一街",说它是"成都版清明上河图"也不为过。诗中的锦里,是成都的代称,咱们都知道,蜀锦是中国四大名锦之首,简直寸锦寸金,早在西汉时期,成都织锦业就成了"支柱型产业",有锦官专门管理,故曰"锦官城"。杜甫的意思是说,天下大乱,锦里不在乱中。遍地干戈,成都尚无战事。

为什么?因为蜀地三面环山,四境险阻,所以,它保持了暂时的安定,避乱成都,自然成为一个优选方案,无论王公贵族、文人士子还是布衣百姓。这叫什么?这叫位置给力。

点开李白和苏轼的朋友圈,我们都会觉得,上到朝堂天子,下至山野农夫,阵容超级庞大。如果大家通读杜甫诗文,同样会惊讶一个事实:都说朋友是稀缺品,但杜甫的人脉却非常广。

在成都,杜甫有他的舅舅(崔明府),有他的表弟(王司马)。如果扩大到整个蜀地,既有新交,又有故旧,而且多数人都有头衔,成都尹、节度使、汉中王、刺史、县令等等。这叫什么?这叫亲朋给力。

说到这,是不是大家脑子里会盘旋一个问题,亲戚朋友当真管用吗?

当然,把亲朋关系过度理想化,不异于自我建构的童话。我们要记着，在这个世界上，没有任何人有义务为他人的人生负全责。人生苦乐，终须自渡。不过，我们还要清楚，任何人都逃不出他的时代。我们今天，一张毕业证，一张飞机票，似乎就能勇闯天涯。如果把我们抛到杜甫生活的那个乱世，我们敢想吗？不是谁的人生都能逆风翻盘。生活不止诗和远方，还有眼前的苟且。

在那样烽火连天的背景下，从同谷出发的杜甫，一没工作，二没住房，三没存款，进一步是天涯，退一步是荒野，生活的缝隙只给他留下窄窄的一厘米。不要说亲朋有用还是没用，为了避乱为了谋生，杜甫一家只能投亲靠友。所以，在我看来，杜甫南下成都，这既是一种无奈选择，也是一种坚强面对。

那杜甫一路南下，诗人的旅行体验又如何呢？

02

打开杜甫的诗，某种程度就像打开了杜甫可视化的私人日记，杜甫把这次行走的具体路线写得非常清晰：出发地是同谷县，依次经过木皮岭——白沙渡——水会渡——飞仙阁——五盘——龙门阁——石柜阁——桔柏渡——剑门——鹿头山，最后抵达目的地——成都府。[1]

这条蜀道，早于杜甫九十多年就有人走过，这个人是"初唐四杰"之一的卢照邻，卢照邻的感慨是："传语后来者，斯路诚独难！"[2] 蜀道难，相当于诗人发出的预警信号。杜甫这一路，爬过高山，越过渡口，走过栈道。而且这是个什么季节呢？杜甫诗中说："季冬携童稚，辛苦赴蜀门。"杜甫和杨氏，夫妇俩带着四个孩子，长子不过十岁左右，拖家带口，长途跋涉，当时正是数九寒天，准确来说，是公元759年的十二月一日。尽管户外气温超低，杜甫说，穿越木皮岭的时候，自己竟然出了一身热汗。

栈道是一种特殊道路，通常旅游才能体验到，但是在古代，栈道大多是必经之路。由于它沿着悬崖峭壁修建而成，所以，人走在上面，特别恐慌，我是不敢呼吸的。杜甫这一路不光要走栈道，这栈道还不止一处。

比方说，飞仙阁。惊悚指数：四颗星。恐惧指数：四颗星。疲劳指数：五颗星。这里高栈入云，垒石成梯，站在栈道抬眼望去，山谷杂木丛生，波涛汹涌。一行人走得精疲力尽，体能严重透支。

---
[1] 同谷至成都，杜甫十二首诗：《发同谷县》《木皮岭》《白沙渡》《水会渡》《飞仙阁》《五盘》《龙门阁》《石柜阁》《桔柏渡》《剑门》《鹿头山》《成都府》。
[2] 见唐代卢照邻《早度分水岭》。663年初，卢照邻调任益州新都（今四川成都附近）尉。另一说，卢照邻任益州新都渭时间为668年（唐高宗乾封三年）。

再比方说，龙门阁，龙门阁就是龙门[1]山上的栈道。这是栈道的"加强版"，和龙门阁栈道相比，别的栈道都不好意思叫栈道。

这里一点土都没有，石壁陡立，万丈绝壁，好像是给飞檐走壁的武林高手专门设计的。峭壁下临嘉陵江，湍急的江水拍击着石崖。危险指数：五颗星。骇人指数：五颗星。按说，杜甫不是宅在家的人，此前崇山峻岭是越过的，这次还是被吓到了。他觉得，没有最怕只有更怕，真正的恐惧从这里开始："百年不敢料，一坠那得取？"[2]人活百岁谁敢预料，假如一个不小心滑下去，死生一瞬，完全命悬一线的感觉。走过几处又长又险的栈道，尽管诗人眼发花，腿发软，心动过速，血压飙升，总算过来了。可是，"关关难过关关过"，过了龙门阁，继续南行，就到了一座关——剑门关。

说到剑门关，这名气大得不能再大了，此乃自然天成的天下第一关隘。今天，这个地方已经成了旅游区——剑门蜀道剑门关旅游区，国家5A级景区。古代的剑门关，是进入蜀地名副其实的一道天险，牢牢地扼守四川的北大门。杜甫来了，他看到的剑门啥样呢？"唯天有设险，剑

---
[1] 利州绵谷县（今四川广元）。
[2] 见唐代杜甫《龙门阁》。

门天下壮"[1]。剑门关奇险、雄壮，群山连绵，两旁断崖高耸，恰如铜墙铁壁。

在冷兵器时代，剑门关是非常重要的军事要塞，作为入蜀咽喉，成为兵家必争之地。剑门关，不仅是一道难以逾越的关卡，也是唯一没有被正面攻破的一道关口。李白曾说"剑阁峥嵘而崔嵬，一夫当关，万夫莫开"，杜甫也表达了相同的判断："一夫怒临关，百万未可傍。"只要一人怒而据守，百万人马莫敢近前。

当然，剑门关易守难攻，这是它的地理优势，但是杜甫身处剑门，他心中的痛点在哪里呢？大唐帝国的前途命运，路在何方，这是诗人紧绷的一根神经，也是他全部注意力的投射点，诗人进一步想到，说不定还有一些野心家，仍然企图据险作乱，啥时候能还国家一个太平无事，啥时候能还百姓一个现世安稳？想到这儿，诗人不禁沉默了，临风惆怅，产生深深的忧患。

离开剑门关，杜甫一家继续往南走，大约四百里，就到了一座山——鹿头山。鹿头山，又叫鹿头关，这是进入蜀地的最后一道关隘了，过了这座山，再走一百五十里，眼前豁然开朗，一马平川，成都府已在望中。

---

[1] 见唐代杜甫《剑门》。

>>>
明皇幸蜀图
绢本、设色
台北故宫博物院藏

虽然只作了一下简略的复盘，是不是感觉杜甫好像穿越了大半个中国？难怪对比李白、杜甫的足迹地图，有网友评论说：李白是道骨仙风的"旅行博主"，杜甫是灰头土脸的"赶路一族"。

【编者语】

从秦州出发以后，杜甫每经一地便作诗一首以纪行。两组入蜀纪行诗，共二十四首，既是对沿路蜀道的实地考察，也是对苦旅心得的完整记录。"行迈日悄悄，山谷势多端。云门转绝岸，积阻霾天寒"，陇蜀崎岖，跃然纸上；"对此欲何适，默伤垂老魂"，愁多夜长，惶惶不安。

历经跋山涉水，杜甫终于抵达成都。成都，本就"水旱从人，不知饥馑"。此时恰逢年关将至，和气致祥，热闹非凡。"今春看又过，何日是归年"。杜甫疲惫的双眼还不能适应这番美景，他不由得更加思念起北方的家乡。

作为杜甫远行的目的地，成都，会给他的生活带来怎样的转机？

杜甫一家人风尘仆仆来到成都，已经是公元759年的年底。旧历的年底毕竟最像年底，我们不难想象，这个时候，成都浓浓的年味儿扑面而来。从时辰来看，已经很晚了，夕阳西下，鸟雀归巢，暮色朦胧。[1] 成都，在杜甫这个异乡人眼里，打开了一个新天地。

接下来的问题是，成都给杜甫的第一印象怎么样？到了唐代，流传一个城市冠亚军排行榜："扬一益二"。这里的扬，指的是扬州；益，指的是益州，就是成都。扬州第一，成都紧随其后。当然西京长安、东都洛阳不在这个评价系统，对杜甫来说，这个信息是否对称呢？

杜甫初到成都，果真被惊艳到了，成都，简直是现代感拉满，被艺术氛围包裹的一座大都市。"曾城填华屋，季冬树木苍。喧然名都会，吹箫间笙簧。"[2] 杜甫是北方人，他见得最多的是北方的树，一到冬天都光秃秃的。成都，高楼林立，美轮美奂，一派市井繁华，寒冬腊月，树木经冬不凋，郁郁苍苍，一派生机勃发。此处人声鼎沸，更有丝竹管弦，在城市的上空不绝如缕，吹拉弹唱，一派歌舞升平。

---
[1] 见唐代杜甫《成都府》："鸟雀夜各归，中原杳茫茫。初月出不高，众星尚争光。"
[2] 见唐代杜甫《成都府》。曾，同"层"。间，读作jiàn，四声，夹杂。据《新唐书》记载，唐朝时期的成都府，人口超过92万人，这和杜甫所见的人口密度，基本吻合。

03

曾经有人设想，假如杜甫穿越时空来到2024，他一定会弹着吉他，唱一首民谣单曲："和我在成都的街头走一走，直到所有的灯都熄灭了也不停留。"这个设想有点意思，三分文艺，七分荒唐，杜甫十分潮十分酷。实话实说，我真心希望杜甫就是这个"范儿"。

那事实上，落地成都，杜甫是不是这般肆意、这般自由呢？

杜甫并没有一头扎进这个热闹里，他以局外人的眼光在观察，而且心情超复杂。不是单纯的喜，也不是单纯的忧，而是喜忧参半。要问喜从何来？忧从何起？诗人好不容易找到一块栖身之地，一切都是新的，新的开端、新的希望、新的未来，自然会产生莫名的亢奋。

但是山遥路远，关山阻隔，诗人一想到成都虽美，终非故土，红尘万丈，归乡难期。快慰之感刚刚萌生，乡关之思马上萦绕。"但逢新人民，未卜见故乡。大江东流去，游子日月长"[1]。大家想，自从安史之乱爆发，诗人挈妇

---

[1] 见唐代杜甫《成都府》："翳翳桑榆日，照我征衣裳。我行山川异，忽在天一方。但逢新人民，未卜见故乡。大江东流去，游子日月长。曾城填华屋，季冬树木苍。喧然名都会，吹箫间笙簧。信美无与适，侧身望川梁。鸟雀夜各归，中原杳茫茫。初月出不高，众星尚争光。自古有羁旅，我何苦哀伤。"

将雏,披星戴月,到处讨生活。山一程水一程,从故乡到异乡,从一个异乡再到另一个异乡。

这就是我们今天的常用词:"漂",有网友称杜甫是"蓉漂"[1]。

其实,岂止是"蓉漂",那是"大龄蓉漂"。杜甫在公元759年年末抵达成都,眼看着就四十九岁,已近天命。有人说年龄不是问题,我个人觉得,年龄不光是问题,而且是个大问题。岁月是个神偷,他偷走的不光是青春。年轻时不管命运把人推向哪儿,我们往往会有一种征服欲,这种征服欲自动生成,它会带着你勇敢地闯入未知的领域。夸张点说,如入无人之境。可是伴随衰老的不可逆,即使让自己"一键重启",也总会不明不白地产生某种无力感,况且当时杜甫的身体非常不好。或许一切相遇都有宿命的理由,尽管初到成都的杜甫,还带着深深的怀乡病。感谢成都,向未来的"诗圣"张开了温暖的双臂。

曾经看过一句话:因为一个人,爱上一座城。我想,不管哪位游客打卡成都,如果走文化线,攻略一定少不了杜甫草堂。在成都,也许你会说,麻辣烫哪家冒牌哪家正宗,但是杜甫草堂,仅此一家。

---

[1] 该词最早出自网络,由"北漂""硅漂"化用而来,形容外地人在成都这个城市的漂泊生活。

不过，咱们都知道，草堂是后来建的，并不是准备好了现成的草堂，等着杜甫一家"拎包入住"。初来乍到，杜甫住在哪了呢？高适诗中说，"传道招提客，诗书自讨论。"[1] 招提，源自梵文，指的是寺院。杜甫被朋友安排在一座寺院——草堂寺。草堂寺，这是一座冷寂的古寺。这个时候，亲朋故友送来米面粮油，左邻右舍送来瓜果蔬菜。[2] 杜甫一家虽然住在僧房，但也没怎么吃僧饭，这使得久经战乱、流离失所的诗人，获得心灵上极大抚慰。但总住寺庙毕竟不是长久之计。到了第二年开春，杜甫琢磨盖房子的事儿。

草堂，顾名思义就是茅草盖的房子。那大家想过没有，如果杜甫草堂，叫作杜甫草房或者杜甫茅屋，是不是听起来仿佛原始部落，一下子降到茹毛饮血、刀耕火种的史前时代？叫杜甫草堂，似乎瞬间就拉高了品级。

如果从文化史角度来考察，"草堂"尽管属于住宅里的低配，但是格调非常高雅。因为，"草堂"这个词儿，最早可追溯到魏晋南北朝时期，当时有佛寺，名叫"草堂"，

---

[1] 见唐代高适《赠杜二拾遗》。
[2] 见唐代杜甫《酬高使君相赠》："故人供禄米，邻舍与园蔬。"据考证，故人可能是指成都尹裴冕。

也有隐士高人的住处叫"草堂"。[1]到了唐朝，杜甫草堂并不是唯一的存在，草堂既成为士人恬静寡欲的象征，也成为他们韬光养晦的路径。后来，草堂功能出现转型，它不仅是士人遁迹藏名的寓所，也成了书斋的雅称。[2]草堂的地点，也不再限于江湖之远、庙堂之外、山野之间。华楼美舍、园林宅邸皆可称为"草堂"。

杜甫草堂可不止成都一处。如果在全国版图"地毯式"搜索，以"杜甫草堂"为名的纪念性建筑，可考者有好几处，形成一个"草堂系列"或者说"草堂家族"，[3]这在杜甫之前，没有，杜甫之后，也没有。名头最响至今仍然名气不减的，当然是成都草堂。今天的成都草堂，每到黄金周，都是对草堂旅游接待能力的一次考验。[4]正月初七的"人日游草堂"活动，自1992年杜甫草堂博物馆首倡恢复，至今已成功举办三十二届。

那最初的草堂长啥样呢？

---

[1] 高僧鸠摩罗什曾在长安草堂寺集合八百人，重译佛经。南朝周颙营造钟山草堂，以作隐逸休沐、寄游山林之处。南朝湛茂之曾筑历山草堂，遁迹藏名，闭门隐居，终日读书为趣。
[2] 比如，宋代郑樵夹漈草堂、明代文徵明友山草堂、明代张大复梅花草堂、清代纪昀阅微草堂、清代屈大均的九歌草堂、清代顾嗣立的秀野草堂等。
[3] 如东柯草堂、栗亭草堂、同谷草堂、梓州草堂、夔州草堂、成都草堂。
[4] 两个大展同时开放 杜甫草堂国庆节游客十九万。来源：中国网 2021-10-08。

04

据考证,当时的成都尹是裴冕,有了裴冕做主,杜甫很快获批了草堂的宅基地和绿化用地。咱们围观一下草堂的平面设计图。

草堂的前面,是一棵高大的楠树,据史料分析,这棵

【编者语】

竹条夹墙,裹以黄泥,覆以白茅。杜甫奔走呼求,像衔枝筑巢的燕子一般,用他枯槁的双手营建家园。幸得亲友慷慨资助,杜甫在浣花溪畔的草堂安了家。草堂虽简陋,却是一处可贵的清净之所,安抚着这位"一岁四行役"的游子。在这座古老且繁荣的城市里,杜甫看到了"窗含西岭千秋雪,门泊东吴万里船"的恬淡风光,遇到了"西蜀樱桃也自红,野人相赠满筠笼"的热情邻居,拜会了"诸葛大名垂宇宙,宗臣遗像肃清高"的精神偶像。

对于杜甫草堂,冯至这样评价:"在人们提到杜甫时,尽可以忽略了杜甫的生地和死地,却总忘不了成都的草堂。"那么,我们应该如何解读草堂之于杜甫的独特含义呢?

树非常古老,已经有二百多年的历史。杜甫甚爱这棵楠树,楠树的树冠超大,浓荫四垂,亭亭如盖,即使炎炎烈日也能带来丝丝凉意,就好像秋天到了,能听到寒蝉的叫声一样。[1]"倚江楠树草堂前,故老相传二百年。诛茅卜居总为此,五月仿佛闻寒蝉。"

草堂的主体建筑在哪呢?即使您没去过成都,但是只要您读过杜甫的诗,也能了解草堂的方位,大家看:"浣花溪水水西头""万里桥西宅,百花潭北庄""西岭纤[2]村北",草堂的地理位置,是不是相当清晰?草堂坐落在

---

[1] 见唐代杜甫《楠树为风雨所拔叹》。

[2] 纤,读作 yū。

浣花溪畔，万里桥的西边，百花潭的北边，再往北望是西岭，就是"窗含西岭千秋雪"那个西岭，山巅终年积雪。

浣花溪、万里桥、百花潭，这些好听的名字，都是有故事的地方。

在杜甫之前，三国时期，费祎[1]出使东吴，诸葛亮在这里为他饯行。费祎叹曰："万里之行，始于此桥。"[2]据说这就是万里桥的得名。

在杜甫之后，女诗人薛涛引领了浣花溪畔的文采风流："万里桥边女校书，枇杷花里闭门居。扫眉才子知多少，管领春风总不如。"[3]薛涛在万里桥边，花丛围起的院落，深居简出。像薛涛那样的"女才子"，春风词笔，无人能及。百花潭还关联着薛涛的一项"发明专利"，他命人用百花潭潭水造纸，把纸幅缩小，又用鲜花萃取颜料，把纸张染成粉红色。就这样，锦心绣口的薛涛，红笺小字，满纸柔情，跟元稹等一众大诗人往来唱和。此笺一出，风行天下。

草堂草堂，当然离不开茅草。草堂以多层白茅覆顶，就是后来被大风刮跑的"屋上三重茅"。老百姓常说，过日子不能敞着门过。对于农家院来说，篱笆和柴门很重要，

---

[1] 费祎，读作 fèi yī。
[2] 见唐代李吉甫《元和郡县图志》卷三一载。
[3] 见唐代王建《寄蜀中薛涛校书》。

房子有了篱笆和柴门,就像一篇文章经过了排版。所以,又圈一个篱笆,安一个柴门[1]。到现在,这个最初的草堂,基本竣工。

今天的草堂在二环以内,当年的草堂位于郊区。杜甫觉得,它不是客流中心,不是商圈旺地,这是一块宝地:

> 浣花溪水水西头,主人为卜林塘幽。
> 已知出郭少尘事,更有澄江销客愁。
> 无数蜻蜓齐上下,一双鸂鶒[2]对沉浮。
> 东行万里堪乘兴,须向山阴入小舟。

此处景色清幽,溪流澄澈,使人烦恼顿消。更有蜻蜓齐飞,鸳鸯戏水。在这儿安个家,可以凭窗远眺,可以俯瞰郊野,观观景啊,发发呆啊,而且这里还有码头,如果兴会所至,还可以顺水搭舟,东行万里,到山阴那边,玩一玩、乐一乐,感受感受魏晋遗风。

瞧瞧吧,杜甫在茅草屋,是不是分明要找到"海景房"的感觉?这是诗人的憧憬,憧憬自由的生活节奏,憧憬舒展的生命状态。只要憧憬一下,似乎所有的美好,都挥着

---
[1] 见唐代杜甫《田舍》。
[2] 见唐代杜甫《卜居》。鸂鶒,读作 xī chì:水鸟名,俗称紫鸳鸯。

手，撒着欢儿，朝着自己奔跑而来。

整个草堂的施工过程，可以说，杜甫的朋友们，确实给了他实质性的帮助，他们既是"开发商"，也是"工程师"。所以，对杜甫而言，公元760年，年度主题词就是：乔迁。不过刚刚建好的草堂，还属于"毛坯房"，接下来的工作重点就是装修问题。不用说，茅屋里面肯定是"简装"，但茅屋外头就近似"精装"了。限于手头不宽裕，杜甫能买的买，该求得求，很多时候，张口直接要。就像海子所说，东边要点东西，西边要点东西，"亲手劳动，建设家园"。

杜甫都要了啥呢？我的感觉是，打开杜甫的草堂诗，就好像走进了杜甫和朋友的聊天群，偷看了他们的留言区。因为好多大事小情，杜甫"以诗代简"，全都写在了诗里，相当于杜甫装修草堂的一本手账，非常高级的记事本。

草堂外围的问题，主要是绿化率的问题。杜甫跟某某县令、某某县尉啊，要了各种树苗，比方说，松树苗，桃树苗，还有蜀中特有的、三年便能成荫的桤[1]树苗。杜甫喜欢竹子，他还要了绵竹县的绵竹。[2] 后来，竹子面积达

---

[1] 桤，读作 qī。
[2] 向韦班要了松树苗，跟县令萧实要了一百棵桃树苗，跟县尉何邕要了蜀中特有的、三年便能成荫的桤树苗。跟县令韦续要了绵竹。

到惊人的一顷:"有竹一顷馀,乔木上参天。"[1]草堂的房前屋后已经成了一个天然的"氧吧"。

咱们知道,这过日子不能光有桃红柳绿,还得有柴米油盐,和柴米油盐最匹配的,当然是锅碗瓢盆。餐具很重要,它是餐桌美学的重要元素,能够大大提升用餐体验。成都附近有个大邑县,烧瓷很有一套。杜甫早就听说大邑瓷碗,晶莹剔透,品质一级,所以杜甫给朋友写信:"君家白碗胜霜雪,急送茅斋也可怜"[2]。杜甫说,您那里的瓷碗,胎薄质坚,音脆釉白,给我几个呗,最好快点快点。杜甫的急切,是不是像极了我们网购之后,查看物流的心情?

杜甫要这要那,忙这忙那,这说明啥?有人说,杜甫,脸皮厚。我认为,杜甫,爱生活。咱们知道,自然是人化的自然。人类作为"万物的灵长",最讲究符号和象征。苏轼说"宁可食无肉,不可居无竹",陶渊明说"榆柳荫后檐,桃李罗堂前",无论松竹梅,都超脱了生物学意义的单一属性,被赋予人的风骨和节操。

经过一番苦心经营,草堂从小具规模到大有规模,杜甫在园艺方面倾注了全部热情。后来,庭院内开辟了菜圃、药圃,种点田,种点药,躬耕自给,还挖有池塘,掘有水

---
[1] 见唐代杜甫《杜鹃》。
[2] 见唐代杜甫《又于韦处乞大邑瓷碗》。

井，用来浇浇菜，灌灌园。[1]杜甫还在溪边搭设水槛，就是临水的栏杆，[2]在这儿钓钓鱼，散散心；还筑有一座江亭，在这吟吟诗，乘乘凉。[3]

这时的草堂，不再是一个随意的暂避风雨的简陋之所，而是一个颇具品位的诗意空间，一个安顿身心的梦想家园。

从杜甫这辈子来讲，成都是杜甫人生的缓冲地带，它让颠沛流离的诗人，得以片刻的喘息，好像人生版本都更新了一样。成都岁月，是杜甫一生非常留恋的岁月。诗人不会料到，自己会在四川历史文化中留下不可磨灭的痕迹。杜甫只是成都倏忽之过客，却成了天地大美之惊鸿。可是，草堂生活不只有小"确幸"，也有大烦恼，诗人有哪些烦心事呢？

---

[1] 见唐代杜甫诗："近根开药圃，接叶制茅亭""凿井交棕叶，开渠断竹根""接缕垂芳饵，连筒灌小园""圆荷浮小叶，细麦落轻花"。
[2] 见唐代杜甫《江上值水如海势聊短述》："新添水槛供垂钓。"
[3] 见唐代 杜甫《绝句漫兴九首·其一》："无赖春色到江亭。"

贰

草堂悲喜

杜甫在成都写下了许多诗篇，蜀地生活对杜甫诗风的改变有着怎样的意义？

【文前按语】

安史之乱，使得中原民不聊生，杜甫从洛阳返回华州的途中，见到了战乱下的民间疾苦，于是写下了著名的"三吏三别"。未到成都时的杜甫看的是满目疮痍，遍地饿殍，诗歌的字里行间都让人怆然涕下。

漂泊半生的杜甫，终于来到成都，并修建了著名的草堂——成都草堂。草堂的农耕生活让杜甫得到了久违的安定之感，著名五律"随风潜入夜，润物细无声"正是在此时写下。过上安定生活的杜甫，他的内心发生了怎样的变化呢？

01

有人说,"成都,这是一座来了就不想走的城市",杜甫想不想走呢?

我认为,草堂落成,诗人有了自己的大宅子,开始尽享诗意慢生活,用今天的话说,这叫"沉浸式活在当下"。所以,杜甫某个时间段,应该冒出过一个想法:终老成都。

有没有证据呢?首先,从杜甫的"草堂诗"来看,很大比例不再是愁苦之貌,换成了"小清新"的面孔。草堂春夏季,完全是十足的"美拍季"。如果把杜诗连缀起来,就是诗人馈赠成都的一份高级文案。

且看成都的郊外,满是多巴胺的色彩,满是治愈系的画风。"圆荷浮小叶,细麦落轻花。""榉柳枝枝弱,枇杷对对香。"[1] 浣花溪畔,水木清华。不仅山水含情,而且禽鸟生趣。"自去自来梁上燕,相亲相近水中鸥。""笋根稚子无人见,沙上凫雏傍母眠。"[2] 这种美,不是美到令人尖叫,美到令人窒息,它是温和的,它是蓬勃的,它是舒展的,它是大自然蕴含的生命美学。

成都的春雨,自带一种别样的灵气。细雨仿佛带有丝

---

[1] 见唐代杜甫《田舍》。"榉柳枝枝弱":榉,读作 jǔ,榉一作杨。
[2] 见唐代杜甫《绝句漫兴九首·其七》。

绸般的质地,"细雨鱼儿出,微风燕子斜,"鱼儿在雨中跃出粼粼的水面,燕子在微风的吹拂下,倾斜着掠过蒙蒙的天空。成都的夜雨,是有性格的,那么及时,那么体贴,毫不张扬又恰到好处。"好雨知时节,当春乃发生。随风潜入夜,润物细无声"。绵绵好雨,静静地滋润山川万物。早晨的花儿,已被雨水灌了个饱,湿漉漉的,沉甸甸的,好像水分马上就能溢出来。"晓看红湿处,花重锦官城。"

咱们不妨对比一下,在长安、在华州、在秦州、在同谷,杜甫写的诗什么样? 跑不出艰难苦恨、沉郁顿挫,[1] 凄凄惨惨戚戚。 那时的花是"一片花飞减却春,风飘万点正愁人",那时的鸟是"感时花溅泪,恨别鸟惊心",这在意境上是多么大的悬殊! 草堂到处都是小腔小调,小情小趣。诗人笔下,哪怕只是一张张生图,也是遮不住挡不住的美好。

有一天,杜甫透过窗帘向外望,他看见一轮落日正落在窗帘钩这个位置。日落时分,这是大自然很神奇的一个时间节点。一千个人眼中,就有一千个黄昏。杜甫看见,不远处,溪边春色正好,岸上芳草正鲜,樵夫正在河滩上生火做饭,近处怎么样?"啅雀争枝坠,飞虫满院游。"[2]

---

[1] 见唐代杜甫《进雕赋表》。"沉郁顿挫",是他对自己写作风格的总结,后人以之评论杜诗。

[2] 见唐代杜甫《落日》。啅,读作 zhuó,意义同"啄"。

树上的鸟雀，叽叽喳喳在争着叫着，有的掉了下来；满院的昆虫嗡嗡地飞着。这样的小场景，小细节，别人是注意不到的，杜甫从前也是忽略的。

还有一回，杜甫从林中散步回来，他看见一只蜜蜂，身上落满了柳絮，还有成群结队的蚂蚁，正在努力往干枯的梨树上面攀爬。"仰蜂粘落絮，行蚁上枯梨。"[1] 瞧瞧，就算鸟雀不够小，蜜蜂不够小，这飞虫够小了吧？蚂蚁够小了吧？

从美学原理来说，美具有差异性，美具有主观性。很多时候，不是我们没有发现美景的眼，而是没有欣赏美景的心。我们今天是不是很愿意谈"松弛感"这个词？谁都想给自己卸载，谁都想给自己清零。人生不仅要有意义，还要有意思。只有内心不仓皇，不纠结，才能细品每一寸光阴。人的精神世界，永远需要物质滋养。在这个基础上，内心细腻的东西才能培育出来。正是定居草堂，杜甫找到了实实在在的家园感，他好像变了个人，既不匆匆赶路也不苦苦追求，沉睡的审美体验也被同步唤醒。

不仅，杜甫的诗风变了，草堂里里外外也挺热闹，尤其杜甫的高层朋友，像严武、高适这些人，大驾光临，置酒欢会，杜甫的茅屋草舍，顿时蓬荜生辉。传统的农耕时

---

[1] 见唐代杜甫《独酌》。行，读作 háng。

代,和今天的"原子化社会"完全不同,那是一个熟人社会。杜甫除了和这些地方大员偶尔的"荣耀互动",更多是和乡野村邻的"线下交流"。

草堂周围,人家很少,只有个位数,八九户的样子,被杜甫写进诗里的就有好几家。杜甫和他们开诚相见,总能意趣横生。北边邻居来头不小,是一位辞了官的县令,我们可以叫他"前县令",他平时戴着白头巾,有些名士风度。[1]南边邻居和他形成一个"反差萌",喜欢戴着黑头巾,有点道家气象[2]。北边这位爱喝酒,会写诗,经常去杜甫家串门。南边这位,亲自撑着小舟,接杜甫到他家做客,品一品自酿酒,尝一尝土特产,摆一摆"龙门阵",然后再把杜甫送回去。

记得我看过这样一句话:来到乡下,你变成一只山雀,只希望能有另一只鸟儿和你好好说话,彼此什么都懂。我想,世道萧索,知音难觅。和杜甫常来常往的几个人,都是能读懂杜甫的人。平平淡淡,却也洒洒落落。

不过,咱们最熟悉的是哪位?是杜甫那位女邻居呀,喜欢种花的黄四娘:"黄四娘家花满蹊,千朵万朵压枝低。留连戏蝶时时舞,自在娇莺恰恰啼。"黄四娘入了杜甫的

---

[1] 见唐代杜甫《北邻》。
[2] 见唐代杜甫《南邻》。

诗，多么像汪伦入了李白的诗。一个素人，在后世读者群赚了一波又一波的流量。

以上堪称杜甫的"草堂社交"，那杜甫自家人的生活又有哪些改变呢？

02

平日里杜甫经常外出，走一走看一看。近一点的，古琴台、武侯祠、碧鸡坊；远一点的，都江堰、白马江、青城山、修觉寺、丈人峰，等等。

当杜甫回到草堂，他打理打理"私家"花园，修剪修剪四周草木，诗人似乎忘记了年龄，忘记了从前，悠游不迫，物我两忘。杜甫一家的生活，也充满了田园牧歌式的氛围感，晨有欣喜，暮有余闲。

漫长的夏天，安静而寂寥。杨夫人在画棋盘，几个孩子在做鱼钩。"老妻画纸为棋局，稚子敲针作钓钩"，[1]这个场景非常生活化。有人问，杜甫和杨夫人会下什么棋呢？我的推测，一定是围棋，因为，到了唐朝，对弈之风风靡全国，而且朝廷设置了专门陪皇帝下棋的职位——棋

---

[1] 见唐代杜甫《江村》。罂：盛酒浆等用的陶瓷容器，罂，读作 yīng。"老妻画纸为棋局，稚子敲针作钓钩"。

待诏,这是围棋史上最早得到国家认可的专业棋手。琴棋书画并列四艺,又称"雅人四好"。所以,杨夫人在纸上打格子,因为围棋的棋盘有纵横各19条线段,将棋盘分成361个交叉点。

此时,村外江水缓缓流过,水中白鸥相伴相随。我想,在这个"背景板"上,假如杜甫和妻子真能时不时地玩上一局,这种古典的中式浪漫,是不是画家构图的一个好素材?

风和日丽的早晨,杜甫还经常带着妻子,泛舟江上,"昼引老妻乘小艇,晴看稚子浴清江。"[1] 小艇上,他们备好了出游的"软饮料"[2],杜甫很喜欢甜品,他喜欢吃瓜,喜欢蜂蜜,这回呢,大大的瓷坛里,装着榨好的甘蔗汁,清凉爽口。再往远处望望,溪边蝴蝶缠缠绵绵,水上荷花并蒂双双。我猜,杜甫此时重温了一回青春,杨氏也仿佛找回了"少女感"。你满心是我,我满心是你。

每次读到这几首诗,我都感觉和杜甫一家人那么贴近,我甚至怕打扰了他们此刻的温情。我也不想翻页,好想让这个珍贵的瞬间就此停留。

杨氏在老杜的诗里多次出镜,这让我想起东西方爱情

---

[1] 见唐代杜甫《进艇》。
[2] 是否含有酒精是软饮料和硬饮料的区别。

观的差异。雪莱说，一谈起爱情，就想起罪过。因为他的爱情，几乎全是婚外恋。而且，西方的爱情往往是激情式的狂欢，中国人追求的不是一把火的炽烈，而是一江水的长情。

在杜甫的生平里，我们找不到一点点风流韵事，杨氏似乎与他签了"终生协议"，烽火狼烟牵挂他，凄风苦雨跟随他，清波碧水陪伴他，尽管物质层面满意值很低，但灵魂的契合度颇高。无论从前同悲同哭，还是当下同喜同乐。他们早已身心合一，命运交织。或许这就是爱情最纯粹的模样。

相对西方而言，儒家关注人伦，讲究父慈子孝、兄友弟恭、夫义妇顺，再推己及人。中国人看重亲情，看重亲子关系，看重家庭气息，杜甫不是严厉的"虎爸"，从不打骂孩子，杜甫诗里经常写到"娇儿"。尽管成都不像江南那般烟水迷离，孩子也能经常去水里玩耍，钓鱼，不管"在钓不在鱼"，还是"在鱼不在钓"，他们钓出了银色的欢乐。

如果说人生是盒巧克力，那么杜甫后半生吃到的，大多是黑巧克力，百分百纯可可的那种。但是，成都那段日子，虽然还是巧克力，却有丝丝的回甘，里面还藏了大块的糖果。

自打草堂竣工，诗人完成人生中又一次乔迁之喜，同

【编者语】

"诗圣"杜甫的诗歌,无疑是忧国忧民的典范。而在成都草堂居住的日子里,杜甫有了一段与家人一起游山玩水,把盏言欢的安逸时光。远离战乱的杜甫,心情仿佛开朗了许多。此时的杜诗大多表现的是幽居自适之情,甚至有些"精致的慵懒"。这份闲散,这份自得,也感染了大文豪苏轼。苏轼在看到杜甫的草堂诗时发出了怎样的感慨呢?

时也是久违的烟火气的回归。有人说,烟火气就是好好睡觉、好好吃饭,没错,"烟火气"无外乎三餐四季,寻常点滴,细碎却难得;"烟火气"无外乎家人团坐,灯火可亲,平凡且美好。"人间有味是清欢"[1],好戏都在烟火里。

杜甫一家人,生活简单、朴素却也舒畅、温馨。老杜的状态,用四川话来说,"巴适得很"。甚至他把日子过到精致的一种慵懒,要说这种慵懒,就连几百年后的大文豪,都实名羡慕了。这个大文豪是谁呢?大家公认的"六边形战士",苏轼。

---

[1] 见宋代苏轼《浣溪沙·细雨斜风作晓寒》,关于泗州的游历。

>>>
杜甫像
元·赵孟頫
绢本、设色
北京故宫博物院收藏

有一回，苏轼把杜甫的两首诗抄一遍，他竟然说，"今考其诗，字字皆居士实录，是则居士诗也。"[1] 意思是说，杜甫写的事就是我苏轼的事，杜甫写的诗就是我苏轼的诗。哪两首诗呢？其中有这么几句：

"杖藜从白首，心迹喜双清"，"百年浑得醉，一月不梳头。"[2] 草堂外，斜阳芳草，陌上花开；草堂内，杜甫是一位深居简出、清高自守、白首杖藜的老者形象。生活散淡，岁月清浅。诗人的状态是逍遥的甚至是疏懒的，通身不染尘俗气，一副隐者的派头。当然，这种疏懒，更接近道家所说的自然的天性和生命的天真。所以，苏轼不禁比比心、点点赞，霸道又可爱地说，杜甫的实录就是自己的"实录"，直接将杜诗的"著作权"据为己有。

从中可以看出，尽管时空错位，通过诗歌这个媒介，苏轼和杜甫展开了一场"云端对话"。苏轼发现自己想要表现的生活、想要表达的情感，杜甫在几百年前就替自己发表了。他们之间产生了强烈的共振，这是两位大诗人之间"精神呼吸"的同频。

---

[1] 见宋代苏轼《书子美屏迹诗》，《苏轼全集校注·文集校注》卷六七，第19册，第7530页。

[2] 见唐代杜甫《屏迹》。屏，读作 bǐng，取"退避"意。古人将"屏迹"入诗，代指隐居不出的生活状态。

我敢说，此时的杜甫，逐渐从之前的阴影中走出，逐渐爱上了成都。草堂像个港湾，儿女可绕膝，淡饭可饱腹，浊酒可肆意，佳木可怡情。

但是，杜甫的开心，并不是"饱和"的，要说杜甫的烦心事，还真多着呢。

03

杜甫搬进草堂第二年，也就是公元761年，这年秋天，刮了一场大风，同时伴有大雷雨。我们推断当时的风力，至少要在七级以上。大风从东南方动地而来，裹挟着滚滚乌云，刮得江上波涛汹涌，岸边砂石乱飞，最让杜甫心疼的是，他亲眼看见堂前那棵高大的老楠树，经过和风雨雷电的顽强"搏斗"，竟然被连根折断，最后悲壮地倒下了。

杜甫和这棵老树的感情非常深，他说自己常在树下吟个诗，纳个凉，有时喝点小酒，晕乎乎犯困，卧在树下，一会就清醒了。这次意外事件让诗人非常难过，"我有新诗何处吟，草堂自此无颜色。"[1] 没有这棵老树的遮蔽，草堂直接暴露在光天化日之下。没想到，又一场大风接踵

---

[1] 见唐代杜甫《楠树为风雨所拔叹》。

而至，直接掀翻了草堂的屋顶，这就有了咱们人人熟悉的《茅屋为秋风所破歌》。

具体情节我们不用陈述。这里的问题是，杜甫为啥那么在乎自己的茅屋？

我一个朋友去了草堂，回来发给我一幅"九宫格"照片，给我的留言是：杜甫的成都草堂和王维的辋川别墅相比，如何？

我给的回答是：虽然王维、杜甫都生活在大唐，不过，二者比不了。当时杜甫所居的草堂，面积不算小，我们可以称之"杜家大院"，但和王维的辋川别业，仍旧无法相提并论。杜甫是建的自家房产，王维是买的"二手"庄园。辋川别墅，相当于王维的私人会所，提供一站式服务。别墅里有辛夷坞、竹里馆等十多处胜景，客人在里面玩上个三天五日都玩不完。据说，庄园里面专管扫地的仆人就有十几个，两个童子专门负责扎扫帚，手速太慢，经常供不应求。[1]

主要原因在哪？王维，半官半隐，仕隐双得。杜甫呢，身在异乡，寄人篱下。

---

[1] 见唐代冯贽《云仙杂记》："王维居辋川，宅宇既广，山林亦远，而性好温洁，地不容浮尘，日有十数扫饰者，使两童专掌缚帚，而有时不给。"

当年杜甫生活的草堂，不仅有别于辋川别墅，就是今天的草堂，也没有了当年的原汁原味，它已经演变成一座人文草堂，集纪念性、观赏性为一体。当时四川有钱人的茅屋，茅草有六七重那么厚，杜甫的茅屋是三重，所以，它是那个时代非常普通的一个民居。

不过，我们要明白，看似不起眼的草堂，从公元760年开始动工，到全部配套设施完成，断断续续花了两年时间。这个草堂从无到有，到最终经营得像模像样，所有的人、财、物，杜甫都是靠"众筹"得来的，离不开朋友帮衬、亲戚救济、邻里支援，非常不易。

要说建筑草堂的工程款，杜甫不是"资金链"断了，是根本就没有"链"。幸好有裴冕等人出面，加上杜甫一个表弟慷慨解囊，杜甫以诗相赠[1]，不胜感激。

所有困难为什么没能阻挡杜甫建筑草堂的兴致？早在秦州时期，杜甫就好想有个家，"何时一茅屋，送老白云边"[2]。可是拥有一个茅屋，这样一个毫不奢侈的理想，一次次被现实粉碎。杜甫这次营建草堂，下了很大功夫，个中甘苦，冷暖自知。

茅草被卷走，又被一帮顽皮的"熊孩子"抢跑，修缮

---

[1] 见唐代杜甫《王十五司马弟出郭相访兼遗营茅屋赀》。
[2] 见唐代杜甫《秦州杂诗二十首》。

【编者语】

"囊空恐羞涩,留得一钱看。"短短十字,便描述了杜甫在身无分文时的窘迫,而这是晚年杜甫的常态。草堂的落成,离不开杜甫好友与亲戚的帮助。费劲心力才开始动工的草堂,如今一场大风让之前的努力都付诸东流,拥有一间可以遮风挡雨的茅屋,这样小小的心愿,再一次被粉碎。

在这个漏雨的夜晚,杜甫写下那句著名的"安得广厦千万间,大庇天下寒士俱欢颜"。面对如此景象,杜甫第一个想到的,不是自己,而是更多无家可归,在外漂泊的"游子"。

如今屋顶被毁,杜甫不得不再次进行修缮,但求人办事却并非易事。此时的他身处异地,又是寄人篱下,当再次向好友求助时,又会是何心情呢?

茅屋的开销哪里来?杜甫又要硬着头皮四处求人。有的时候,别人的千金一诺,到头来变成空头支票,自己发出的"求助信",也如泥牛入海,杜甫有首诗,题目是《重简王明府》,"重简"就是杜甫再次给王明府写信,请求这个姓王的朋友施以援手。[1] 我们都求过人，求人为啥难？都说文人孤高耿介，不愿向世俗低头，可是求人，就是要把自己的头低下来，甚至低到尘埃里。没有历经千回百转，一直生活在蜜罐里的人，怎么能读懂杜甫心中的痛处？

杜甫中年过后身如浮萍，四处飘零，在浣花溪畔，总的来说，幸福感是偏高的，结果遭遇那么恶劣的天气。大风停了，接着又大雨倾盆，屋里雨脚如麻，为了接雨，我猜杜甫家里把盆盆罐罐全都搬出来了。自从安史之乱以来，失眠成了诗人的常态，在那个漏雨的夜晚，杜甫又一次失眠了。

有一次课上，我和学生说，如果这件事发生在今天，我会第一时间给诗人寄去床品四件套，下面一个学生马上接话，他说，还有呢，御寒神器，满满的"科技与狠活"，接着又有学生说，还有呢，智能睡眠仪……这样的课堂小"花絮"，看得出来，学生爱杜甫。

可是，曾经有人质疑过，说杜甫的格局没打开，这个结论从何说起呢？

---

[1] 见唐代杜甫《重简王明府》。

04

杜甫从自己"床头屋漏无干处",想到"大庇天下寒士俱欢颜"。于是,有人抓住"寒士",开始大做文章,意思是说,杜甫关心的,不过是和杜甫一样不得志的读书人。没错,这是"寒士"一词的本义。不过,从情理上讲,全诗并不是从士人的角度来写,杜甫关注的群体,可不可以放宽一些?别忘了,杜甫也写过这样的句子:"几时高议排金门,各使苍生有环堵。"[1]这里的"苍生",毫无疑问是指广大百姓吧。

接下来的问题是,创作这首诗的前前后后,杜甫一家的生活处于什么状态?

草堂岁月,虽然大体算得上岁月静好。但是,世界不会时时刻刻给每个人都是正向反馈。草堂的农产品并非绰绰有余,杜甫一家的日子难免紧巴巴的。当杜甫走进家门,又家无余粮,四壁空空,孩子饥肠辘辘,饿得又喊又叫:"痴儿不知父子礼,叫怒索饭啼门东"[2]。

杜甫向朋友们求助,可是由于各种主观原因或客观原因,并不是很快达到预期。比方说,裴冕、高适,曾经给

---

[1] 见唐代杜甫《寄柏学士林居》。
[2] 见唐代杜甫《百忧集行》。

杜甫雪中送炭的人，先后调离原有岗位。杜甫到成都的时候，高适正在出任彭州刺史，相当于彭州军政一把手。高适给予杜甫很多援助。可是，高适忙于公干，俗话说，远水解不了近渴，杜甫一家时而揭不开锅："厚禄故人书断绝，恒饥稚子色凄凉"[1]。

有一回，正好有人去彭州办事，杜甫抓住机会，直接请求高适救援：百年已过半，秋至转饥寒。为问彭州牧，何时救急难？[2] 就在这儿不久，高适改任蜀州刺史。严武这个时候，还没来到成都。杜甫一家再次面临困窘。

有人说，杜甫在朋友面前，不戴面具，过于率真，还总爱撒娇，是个"撒娇派"。凭我个人的生活经验，杜甫那么执着、那么敏感，当他求亲告友，他的内心没有几分悲哀，没有几分苦涩吗？

我经常想，如果一个人兜里有十个铜板，他能施舍出去一个，难度不大；自己都无片瓦遮头，却能时刻担心别人有没有伞。这就是灵魂的高贵！

就这首诗而言，《茅屋为秋风所破歌》，它和早期的《自京赴奉先县咏怀五百字》，以及"三吏""三别"同出一辙，某种程度，它是杜甫"诗圣"之名很大的加分项；某种程

---

[1] 见唐代杜甫《狂夫》。
[2] 见唐代杜甫《因崔五侍御寄高彭州一绝》。

度，它成就了草堂的不朽。诗人写的不单单是个人际遇，更是希望天下寒士不再"住房难"，而且住的房子，还要保质保量，抗风抗雨，类似"安居房"。这是一种什么精神？这是共享精神。借用诗中的原话，就是一种"大庇精神"。

这种"大庇精神"，产生巨大的辐射力，在白居易那里得到了呼应。杜甫诗中多次用"焉得""安得"一词，"焉得附书与我军，忍待明年莫仓卒？"[1] "焉得思如陶谢手，令渠述作与同游"，"安得壮士挽天河，净洗甲兵长不用？"[2] "安得广厦千万间，大庇天下寒士俱欢颜"，白居易怎么说？"安得万里裘，盖裹周四垠。稳暖皆如我，天下无寒人。"[3] 香山居士想得到一件特大号的真皮大衣，覆盖普天下缺衣少穿的穷人。有人说，白居易的脑回路实在清奇，实在离谱。其实，诗是语言对这个世界的变形。拿着现实的标尺去度量诗里的字句，这样的理解，不是胶柱鼓瑟，就是买椟还珠。

我们必须清楚，并不是所有人都有勇气揭开残酷的真相。有人评价，杜甫是"天下第一暖男"，虽然这个说法未必严谨，不过，杜诗当中，用真情道出的真语，确有无

---

[1] 见唐代杜甫《悲青坂》。
[2] 见唐代杜甫《洗兵马》。
[3] 见唐代白居易《新制布裘》。

人可及的情感深度与生命厚度。"没有什么道路通向真诚,真诚本身就是道路。"[1] 如果说,杜甫以一己之力,在破破烂烂的世界缝补整个大唐子民的创伤。那么,白居易则进行了一场现实主义诗风的接力。无论他们的理想能否实现,想去摘取星辰的人,哪怕徒劳无功,也不至于满手污泥。

说句实话,如果比超脱比旷达,杜甫是"人而圣者",苏轼是"人而仙者",杜甫真的比不过苏轼。苏轼,把入世与出世,这道人生大难题,作出了最优解,形成了独到的方法论。

我们每个人,都得到过来自苏轼的启迪。我们每个人,都得到过来自杜甫的安慰。我们想起杜甫,仿佛觉得人生不至于绝望,日子还有光。因为,诗人把对于人生和社会的美好向往,把他的热与爱,一粒一粒,深深埋进了他的诗里,终将有一天破土而出,这是种子的力量。

寓居草堂这一时期,安史之乱还没结束。杜甫并没有忘记,他在时局、政局面前,从来没有钝感力。在他的作品里,满怀收复山河的期待。[2] 创作,如果不经过生命的掂量,不过是一种游戏或消遣。诗人以"工匠精神"雕琢自己的作品,"为人性僻耽佳句,语不惊人死不休"就是

---
[1] 见当代作家、编剧万方《冬之旅》。
[2] 见唐代杜甫《散愁二首》:"久客疑旋旆,兴王未息戈"。

这一时期写的。越到晚年，杜甫不再苦吟，而是琐事成吟，即事成篇，妙手偶得，举重若轻："老去诗篇浑漫与，春来花鸟莫深愁。"[1]

　　从杜甫这辈子来讲，诗人用笔记录下草堂里的悲，草堂里的喜，这些碎片，构成诗人成都时期的人生拼图。每座城市都有自己的气质，决定其气质的，是踏过这片土地的人和发生在这片土地的事。成都和杜甫，就好像姑苏和张继，就好像长安与李白，就好像扬州和杜牧，就好像黄州与东坡。定居草堂前两年的时光，大体算作杜甫难得的一段安稳时光。可是，安稳的日子并不长，到了762年4月，杜甫走出草堂，竟然被困在外头，有家难回。到底发生了什么呢？

---

[1] 见唐代杜甫《江上值水如海势聊短述》。漫与也有作"漫兴"。

叁 再度流亡

平静安稳的草堂生活
为何戛然而止?
杜甫又为何
再次踏上流亡之路?

【文前按语】

杜甫的一生命运多舛,然而祸中有福,幸运之事亦不乏其例。在那个"安史之乱"肆虐、社会动荡不安的年代,名将严武与杜甫是忘年交。严武不仅于生活上向其施以援手,艺术上切磋交流,政治上更是给予庇护,这实在是不幸中之大幸。不料新皇唐代宗诏令严武入朝,杜甫之生活骤起波澜。

知心挚友此番别离,重逢之日遥遥无期。杜甫不辞辛劳,跋涉百里只为给严武饯行。"远送从此别,青山空复情""江村独归处,寂寞养残生"。当杜甫怀着满腹惆怅与无奈准备返回草堂,计划着如闲云野鹤般生活时,意外却先到来了。

再次流离失所的杜甫何以为家?为了不受饥寒之苦,杜甫又经历了怎样的辛酸?

01

在杜甫一千四百多首诗当中,有一首诗,被称作杜甫"生平第一快诗"。诗的题目是《闻官军收河南河北》。

这个特大喜报,有如春雷炸响,倏忽而至。诗人是在哪儿听到的呢?梓州。

杜甫诗中说:"五载客蜀郡,一年居梓州"[1]。杜甫在成都草堂,满打满算,不到五年,其中一年多是在梓州度过的。梓州,就是四川省三台县。今天,在三台的诗圣广场,有尊杜甫雕像巍然屹立。这尊雕像我非常看好,因为他对标了我的审美期待。不是因为他像杜甫,恰恰因为他不像了。杜甫,高大魁梧,昂首挺胸,不是我们预设的干巴巴又黑又瘦,我真心希望"诗圣"生前就是这个模样。

那杜甫为啥要去梓州呢?

这一年是公元762年,杜甫从成都出发,先北上,后南下。北上是绵州,南下是梓州。杜甫真的很忙。

要说公元762年,这是个不平凡的年份,也是个不吉利的年份,堪称大唐王朝的转关之年。一个月里接连死了两个皇帝。四月,曾经一手缔造开元盛世的一代雄主,在位长达44年的唐玄宗,于长安神龙殿驾崩,仅仅十几天

---

[1] 见唐代杜甫《去蜀》。

【编者语】

俗话说："在家靠父母，出门靠朋友"。在中国人眼中，"好友"就是亲人，有朋友相助，险境也能化为顺境，四海皆可立足。为了生存，年过半百的杜甫不得不一人前往梓州投靠朋友。这时期，在杜甫的诗中，他再次以"客"自居。虽然身为"客"，杜甫依旧注视着、感受着蜀中艰辛。郁结难泄，壮志难酬，杜甫想起一位与自己悲愤相通的贤士，这位贤士又是谁呢？

过去，唐肃宗因病离世。这对恩怨颇深的父子，终于在另个世界相安无事。然而，这个时候安史之乱还在"乱"中。可以说，唐玄宗、唐肃宗这爷俩，把一个超烂的烂摊子，扔给了新一任皇帝——唐代宗[1]。

代宗继位后，想起一个人，这个人是杜甫的好朋友——严武。[2] 朝廷诏令严武回朝，入为太子宾客。升为京兆尹、兼御史大夫。[3] 严武慌忙做一下工作交接，就从

---
[1] 唐代宗原名李俶，改名李豫。
[2] 事情发生在杜甫入蜀的第三年，761年十二月。
[3] 任严武为京兆尹、山陵道桥史。古代帝王的坟墓。秦汉以前帝王陵墓或称"山"或称"陵"，汉代以下始有山陵连称者。

成都返回长安。

不难想象,严武离开成都,随从肯定不少,但是杜甫和严武的交情太深了,杜甫高低得送一程啊?于是,公元762年的盛夏,杜甫开启年度首次远行,只为奉送严武回朝履新。

严武上路了,杜甫一直送一直送,送出严武二百多里,抵达川北重镇——绵州,就是今天的四川绵阳。

严武到了绵州,大家想,哪个地方官不得好好张罗张罗?他得攒局,请客,招待,对不对?说来巧了,这个绵州刺史也姓杜,跟他仔细一盘问,原来是杜甫的一个从孙[1]。在涪江边的江楼,绵州刺史备下晚宴。[2] 在杜甫笔下,七月的江楼晚景好比超清航拍,非常漂亮,又好比多机位摄像,非常立体:船依楼下、鸟飞楼上、烟集楼外、风动楼中。杜甫没写餐桌上有哪几道硬菜,但想来宴会的排面肯定小不了。他们从日头落下吃到月亮升起,从银河西沉吃到东方发白。高朋满座,宾主尽欢。

到了第二天,杜甫继续送,又送出三十多里,到了绵州北边一个驿站,[3] 杜甫和严武挥手作别。虽说,送君千

---

[1] 名字叫杜济。
[2] 见唐代杜甫《送严侍郎到绵州,同登杜使君江楼宴,得心字》。
[3] 指奉济驿。

里,终有一别。但是杜甫的情绪非常复杂:欣喜、期待、不舍、惆怅,一齐涌上心头。

> 远送从此别,青山空复情。
> 几时杯重把,昨夜月同行。
> 列郡讴歌惜,三朝出入荣。
> 江村独归处,寂寞养残生。[1]

杜甫觉得,驿站一别,人去山空,把盏长谈,遥不可期。算一算的话,严武已是三朝为官,荣居高位。离任时东西两川的人们多有不舍,讴歌惋惜。分手后只能自己孤零零地回到草堂,风烛残年,孤苦无依。

杜甫为啥如此伤感?杜甫对严武是有依赖的。

刚听严武这俩字,大家会不会觉得耳生?他哪里比得了杜甫的大名。当然,如果仅凭写诗论高低,在群星璀璨的大唐诗坛,严武别说站不进第一梯队,跻身三流诗人都很难入围。但是,如果打个综合分,严武在大唐的知名度,高出杜甫不知几个百分点。

要论严武和杜甫的交情,着实不浅:

---

[1] 见唐代杜甫《奉济驿重送严公四韵》。

第一，严武的爸爸严挺之，和杜甫的爷爷杜审言，不仅同朝为官，而且意气相投，所以认定严、杜两家是"世旧"之交，结论基本成立。

第二，严武比杜甫小十四岁，可是年龄界限被二人打破，彼此欣赏，惺惺相惜。这是名副其实的忘年之交。

第三，咱们之前讲过杜甫疏救房琯，在历史上，严武、杜甫和房琯，可以视作"铁三角"，但是因为"房琯事件"，三人仕途同时遭到重创，[1] 这就使得三人关系变得更加唇齿相依。因此，杜甫和严武的交情又增添一重"患难之交"的色彩。

公元759年，杜甫来到成都，公元761年，严武来到成都。杜甫和严武，不仅一文一武，重要的是，一穷一达。但是严武没有瞧不起杜甫，他经常带领自己的亲信，组成一个小分队，作为"最强亲友团"，光临寒舍。他们自带上等食材，自带高档餐具，还自带一级厨师，随从们在竹林做饭，金鞍马拴在花树吃草。"竹里行厨洗玉盘，花边立马簇金鞍"[2]。大家想，严武此时是成都府尹兼剑南两川节度使，相当于成都市市长和四川省委书记兼省军区总司令。俗话说，大树底下好乘凉。杜甫被严武如此"高调"

---

[1] 严武被贬为巴州刺史。杜甫被贬为华州司功参军。
[2] 见唐代杜甫《严公仲夏枉驾草堂，兼携酒馔，得寒字》。

拜访，既雪中送炭又锦上添花，无论他们高谈阔论还是浅斟低酌，这样的气场加持，光环加持，无疑闪耀了众人的眼睛，左邻右舍怎能不对杜甫刮目相看？[1]就连严武得到青城山道士酿的洞天乳酒，都要派人给杜甫送去一瓶。这可是杜甫的专属福利。

当然，杜甫对严武的依赖，不光这种物质层面的依附性，还有精神层面的认同感。现在，严武离蜀，杜甫失掉了生活上和精神上最大的支持者。

不管怎么讲，不忍相别又不得不别，严武要回朝"上班"了，杜甫也该回家了，回他的草堂吧。可是，杜甫毫无征兆地遭遇了"回家难"，草堂回不去了。

02

真是天有不测风云，就在严武前脚离开，后脚就发生了一场叛乱。史称"徐知道叛乱"。

这个徐知道，他一看严武动身了，此时成都空虚，有机可乘，他瞅准这个时间空当，迅速把严武的官衔加于一

---

[1] 见唐代杜甫《严公仲夏枉驾草堂兼携酒馔》"竹里行厨洗玉盘,花边立马簇金鞍。非关使者征求急,自识将军礼数宽。百年地辟柴门迥,五月江深草阁寒。看弄渔舟多白日,老农何有馨交欢。"后世常用"竹里行厨"作为旅游野炊的典故。

身，接下来派兵断绝剑阁的道路，把南北交通打断，同时联络西南少数民族，合伙大肆造反，就连严武回京，都走不了了。

徐知道七月起兵，八月二十三日就被击溃，自己也被部将李忠厚所杀。叛乱到了这里，并没有结束。徐知道的部将继续在成都，丧心病狂，滥杀无辜，老百姓还算安居乐业的成都，一时间"血溅长衢""万人为鱼"[1]，大美成都，转瞬间沦为人间地狱！这一幕，让亲历安史叛乱的杜甫，大为惊惧，仿佛"安史之乱"在成都再次上演。

杜甫还敢回草堂吗？杜甫被乱兵所阻，有家难回。杜甫在绵州滞留一段日子，接着去了梓州。

杜甫之所以萌生去梓州的念头，一方面，梓州离成都越来越近，也就是离草堂越来越近；另一方面，杜甫此时进退维谷，乱世流亡，不管为稻粱谋还是妻孥计，他要寻找一个"靠山"。梓州是严武领东川节度使时的旧地，那里有他的旧部、僚属，借着严武的关系，可以得到一些资助，再加上，杜甫那边还有自己的新交、故友[2]。于是杜甫产生了投奔之念。

---

[1] 见唐代杜甫《草堂》。
[2] 杜甫的朋友李瑀，曾被封汉中王，杜甫在长安就认识。"百年双白鬓，一别五秋萤"。除了李瑀，还有李使君，这是杜甫在绵州停留期间认识的，当时李使君前往梓州赴任。

到了梓州，已经快到秋天。此时，河山万里，一片狼藉。杜甫的人生，也成了他一个人的江湖夜雨，诗人客居在外，一想到远在成都的妻室儿女，音讯断绝，生死难卜，杜甫就心生恐慌。一帘月，一窗风，杜甫枕上辗转，感伤到夜不能寐："客睡何曾著，秋天不肯明。"[1]大约在762年秋冬之际，当成都叛乱收尾，情势略有好转，杜甫第一时间就把一家老小从成都接到了梓州。

大家可能会觉得，梓州和成都相比，天壤之别。盛唐那会儿，梓州的名气一点都不小，差不多和成都平起平坐，它是蜀中的交通枢纽和繁华之都，素有"剑南名都"的美誉。安史之乱后，它的存在感拉低了很多。

梓州主要下辖两个县，一个是射洪，一个是通泉。这两处好几个地方，杜甫都逛了一圈。咱们只说一个，说射洪。说到射洪的文化名人，大概率陈子昂排名第一。射洪是陈子昂的故乡。

在大唐，杜甫和陈子昂都当过拾遗。杜甫是左拾遗，陈子昂是右拾遗。咱们之前讲过，杜甫这个拾遗，那是动了真格的。陈子昂呢，陈子昂更猛，批评时政，直触龙鳞，陈词慷慨，凛凛然有金石之音。由此，射洪触动了杜甫内

---

[1] 见唐代杜甫《客夜》。著，读作 zhuó：入睡。

心潜伏的"子昂情结"。杜甫拜谒凭吊陈子昂的遗迹，分分钟被提上日程。这种"子昂情结"无疑是一种"偶像情结"。

金华山是射洪一个著名的景点，杜甫在这儿，游览了陈子昂的读书堂，[1] 读书堂又称"读书台"。顾名思义，这是陈子昂读书的地方。这个读书台很有名。陈子昂原本是不读书的，因为，陈家是当地首富，出生在"土豪金"的家庭，陈子昂浑身都是"不差钱"的气质，加上唐代的游侠风气，可以用炽烈来形容，所以少年陈子昂只想快意恩仇，做个又酷又帅的大侠。可是到了十七八岁，陈子昂幡然醒悟，转换了人生赛道，一步开启学霸内卷模式，读书数年便集百家之长，笔杆子耍得非常溜，再读其诗其文，绝非凡品。[2]

杜甫拄着手杖，沿着弯曲的山路登到金华山的山顶，只见陈公读书堂，建筑倾倒，石柱歪斜，地上青苔遍布。此乃仲冬时节，鸿雁悲鸣着在山上飞过，凛冽的寒风骤然而起："悲风为我起，激烈伤雄才。"[3]

杜甫为啥如此激愤？

---

[1] 见唐代杜甫《冬到金华山观因得故拾遗陈公学堂遗迹》。
[2] 见唐代诗人卢藏用《陈子昂别传》："嗣子昂，奇杰过人，姿状岳立。始以豪家子驰侠使气，至年十七八未知书。"陈子昂诗中也直言："少学纵横术，游楚复游燕。栖遑长委命，富贵未知天。"（《赠严仓曹乞推命录》）
[3] 见唐代杜甫《冬到金华山观，因得故拾遗陈公学堂遗迹》。

掐头去尾，陈子昂的一生，恰好与武则天时代相始终。"前不见古人，后不见来者。念天地之悠悠，独怆然而涕下。"[1] 陈子昂一曲既罢，简直山河肃立。这是跨越时空的旷世孤独。陈子昂为啥那么感慨，和燕昭王一样的贤君圣主，今天不会有，以后也不会有？因为，契丹叛乱的时候，陈子昂随同出征，结果连吃败仗。有人说，他的顶头上司武攸宜是个草包，他不是草包，而是"资深草包"，人家可是武则天的侄子。陈子昂屡次进谏，不仅被驳，而且被贬。再后来，喊着嚷着要报国的陈子昂，辞职还乡，谁能料到，一片丹心四面楚歌，陈子昂最终被奸人陷害，冤死狱中，年仅四十一岁。[2]

杜甫来时，陈子昂已经离世六十多年，我想，杜甫的入蜀，陈子昂的出蜀，这"一入"和"一出"，诗人一定触景生情，忆起幽州台那个千古伤心人。

在游览读书堂之后，杜甫走下金华山，顺江而下，来到陈子昂的故宅，杜甫又一次悲从中来："有才继骚雅，哲匠不比肩。公生扬马后，名与日月悬。"[3] 陈子昂才气

---

[1] 见唐代陈子昂《登幽州台歌》。
[2] 出自《陈子昂别传》三十八岁陈子昂辞官还乡，后被奸人陷害，冤死狱中，年四十一岁。
[3] 见唐代杜甫《陈拾遗故宅》。

过人，上可追骚雅，下可与扬雄、司马相如媲美，声名不朽，如星光永恒。

杜甫给予陈子昂的评价，有没有溢美之嫌呢？咱们总说唐诗。唐诗的顶峰出现在盛唐，有人把它比作生物学上的"寒武纪大爆发"。可是，初唐给唐诗发展的蓄力，功不可没。如果问，谁是初唐诗风改革的先驱与旗手，陈子昂很符合这个人设。他曾经放话说，要洗尽六朝旧习，找回失去的汉魏风骨。[1] 陈子昂死去的那年，李白、王维不过是个婴儿，杜甫还没来到这个世界。陈子昂，在初唐带着节奏领跑，诗歌的气质随之一变。他没能见到唐诗的春天，唐诗的春天却因他而来。

射洪、通泉之旅结束，杜甫返回梓州。就在梓州，转过年春天，最劲爆的好消息，来了！

03

公元 757 年："安史之乱"的始作俑者安禄山被其子安庆绪杀死。

安庆绪呢？安庆绪被"安史之乱"另一首领史思明杀

---

[1] 见唐代陈子昂《与东方左史虬修竹篇序》。

死。

史思明呢？史思明被其子史朝义及部将杀死。

史朝义呢？史朝义走投无路，林中自缢而死。

这个时候，已经到了公元763年。官军以摧枯拉朽之势，追击叛军，连克河南河北诸州，历时七年零两个月的安史之乱终于收场。

杜甫远在梓州，虽然有过片刻的欢愉，片刻的忘却，片刻的陶醉，甚至片刻的麻木，但那只是片刻！杜甫时刻都在关注这场叛乱的动静。

消息传到梓州，杜甫乐坏了，大哭一场！这是杜甫整个后半生最无法自控的一天。

> 剑外忽传收蓟北，初闻涕泪满衣裳。
> 却看妻子愁何在，漫卷诗书喜欲狂。
> 白日放歌须纵酒，青春作伴好还乡。
> 即从巴峡穿巫峡，便下襄阳向洛阳。

我相信，这首诗人人都能背得滚瓜烂熟。很多前辈讲，当年抗日战争胜利的消息传来，很多流亡到重庆、成都的人，他们不约而同，吟诵同一首诗，就是这首《闻官军收河南河北》。

【编者语】

冬去春来，万物复苏。公元763年，安史之乱结束，盘踞在国土与黎民百姓头上的阴霾正在退去。遥想当年，杜甫由陇入蜀，艰难险阻，关山难越。如今，喜讯忽至。"即从巴峡穿巫峡，便下襄阳向洛阳"。短短十四个字足可概括游子归心似箭的急切。杜甫将无限喜悦赋予诗歌，文笔犹如行云流水一般，读起来也有水到渠成之妙。清代学者浦起龙称赞《闻官军收河南河北》是杜甫"生平第一首快诗也"，那么，这首诗包含了他怎样复杂的个人感受与家国意识呢？

咱们知道，喜悦、高兴、开心，都属于积极情绪的范畴，一般情况下会通过积极的表情呈现，比如拊掌大笑，比如乐不可支，等等，这在学术上称作积极情绪的"单态表达"。如果这种积极情绪，过于极端、过于强烈，就会相反，以一种消极的表情呈现，这种现象被称作积极情绪的"二态表达"[1]。

杜甫怎么样？喜极而泣，从心理学角度来讲，这就是

---

[1] 张明明等，喜极而泣——积极情绪的二态表达，《心理科学》2017年。

积极情绪的"二态表达"。

喜极而泣的重点不在喜,而在极。也就是说,从"单态表达"到"二态表达",存在一个情绪的阈值问题,只有当情绪强度达到个体难以承受的程度,"二态表达"才会发生。

生活中也有这样的例子。比方说,大额彩票中奖,运动员卫冕成功,失散多年的亲人相见,这些事件都存在这样的触发点。

对于杜甫来说,这个触发点在哪?就是"剑外忽传收蓟北",这个天大的喜讯忽然砸过来,诗人猛地听说,眼泪刷一下子涌出来,泪流满面。蓟北,相当于安史叛军的根据地。诗人多年漂泊,想回故乡而不能,就是由于"蓟北"未收,战乱未平。如今"蓟北"已收,战乱将息,惊喜的洪流,一下子冲开诗人的情感闸门,心理震撼前所未有。诗人情不自禁,转悲为喜,又喜不自胜。

此一刻,杜甫身在梓州,心已神游在路上了。杜甫迫不及待要打点行囊,快快动身。而且呢,诗人不仅要返回故乡,他还要放声高歌,他还要痛饮美酒。他还要在鸟语花香中,让明媚的春光陪伴一家人上路。"白日放歌须纵酒,青春作伴好还乡。"这样的口吻,简直直追李白的架势了。

算上题目,诗中摆出来八个地名。这种写法很冒险。

有人发现,这是杜家的"祖传秘方",杜审言就这么干过,这些地理名词既是诗的空间坐标,也是诗的骨骼肌理,形成了一种刚性结构。其实,巴峡→巫峡→襄阳→洛阳,这四个地方相隔很远,但是,诗里的动词一个跟一个扑过来,每个字都要飞起来了:从"巴峡"到"巫峡",舟行如梭,所以用"穿";出"巫峡"到"襄阳",顺流急驶,所以用"下";从"襄阳"到"洛阳",已换陆路,所以用"向"。四个蒙太奇画面,不停地闪过,充满了速度感,仿佛诗人把自己多年来的郁结发泄无余又一扫而空。

为啥回家,能令杜甫如此欣喜若狂?

因为杜甫没有一个真正的家。杜甫在诗中,屡屡提到自己的"游子"身份,"游子"意象成为一个高频意象。比方说:

>   "天寒霜雪繁,游子有所之。"[1]
>   "山风吹游子,缥缈乘险绝。"[2]
>   "孤光隐顾盼,游子怅寂寥。"[3]
>   "游子出京华,剑门不可越。"[4]

---

[1] 见唐代杜甫《赤谷》。
[2] 见唐代杜甫《铁堂峡》。
[3] 见唐代杜甫《桔柏渡》。
[4] 见唐代杜甫《鹿头山》。

∧∧∧∧ 杜甫诗意图
宋·赵葵
绢本、水墨
上海博物馆藏

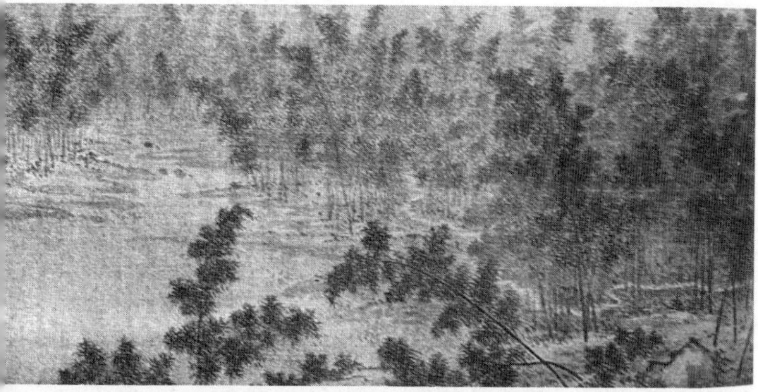

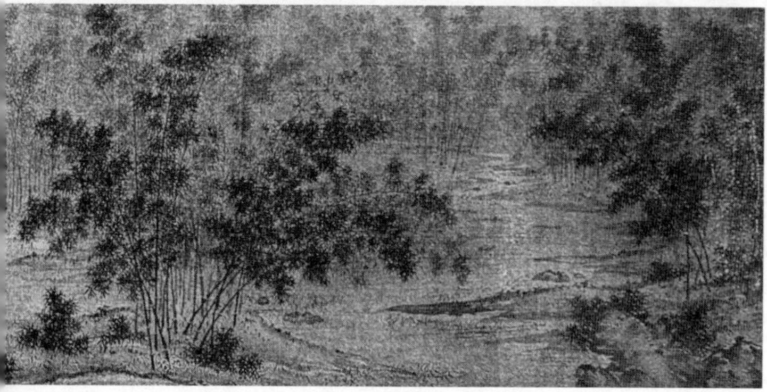

诗人抵达成都，写的第一首诗，依然是——"大江东流去，游子日月长。"[1]

谁都知道，中华民族是典型的农耕民族，安土重迁，最重桑梓之情。对于知识分子来讲，出仕是人生的价值，还乡是情感的归宿。大唐经过安史之乱，仿佛由天上掉到地下，杜甫全程赶上了，他一直生活在别处，天涯游子，人生如寄。"边缘人""流浪者"的生存位置，给予他特殊的生命体验，这是一种无根的飘浮状态，生活掌控感的缺失，渗透了个体生命的悲剧意识。游子回家，这是多么坚韧的等待，就好像从千山暮雪等到万物复苏。

诗歌史上，只有杜甫写过快诗吗？当然不是。"朝辞白帝彩云间，千里江陵一日还"，这是李白的快诗；"春风得意马蹄疾，一日看尽长安花"，这是孟郊的快诗。李白经历人生的"生死劫"，流放途中遇赦，喜而作诗；孟郊跨过科举的"独木桥"，登科之后，亦成快诗。

但是他们的畅快，他们的痛快，都比不过杜甫，那为什么《闻官军收河南河北》会成为感天动地的杰作？

---

[1] 见唐代杜甫《成都府》。

04

更重要的一点，杜甫的忧来自国，同样，杜甫的喜也来自国。杜甫和国家，早已水乳交融。表面来看，诗人的快乐属于个人情感，其实映照的是时代风云。只不过诗人把主观情感推到了前台，把历史事件拉到了后景。

《闻官军收河南河北》只有八个字，包含整整八个年头的安史之乱战争史。诗人的悲喜和着时代的节律。之所以还乡的喜悦压倒一切，因为这是国家胜利的喜悦。这不是一个游子的上路，而是一个国家的重生。对杜甫而言，忧国忧民与大慈大悲，正是源自大唐王朝由盛转衰的时代大势。安史之乱对大唐的负面影响实在太大了。令人反思的是：盛世的到来需要数代人的努力，可是从盛到衰，中间只隔了一场叛乱。这场席卷大半个中国的战乱，使得盛唐气象，只剩下满地尘埃。如果说安史之乱是一场大戏，戏中第一主角唐玄宗，没能等到叛乱平定的那一天。这场大戏另外五个人：杨贵妃、李林甫、杨国忠、安禄山、史思明，无论反角还是陪衬，全都死于非命。内乱从来没有独善其身，有的只是全面俱伤。

不管近在眼前，还是远在千里，杜甫从没忘怀过江山社稷。这场浩劫，终于噩梦一般过去。尽管任何人得知这一消息都会振奋，杜甫倍加与众不同。诗人归心似箭，可是杜甫真的能回家吗？

杜甫的狂欢犹如昙花一现。从史料来看，国内混乱的局面并没有随着河南河北的收复彻底澄清。

中原平静了，回纥的气焰更高，他们在长安肆意横行。杜甫在秦州所忧虑的吐蕃，势力一天比一天膨胀。到了这一年七月，河西、陇右，全部沦陷。九月，吐蕃二十万大军发动攻势，接着剑指长安，血不染刀占领长安。唐代宗仓皇逃跑，郭子仪再度出山。长安再度陷落。[1]到了第二年，也就是公元764年春，诗人才听到收复长安的消息。杜甫回家，终成一个美丽的幻影，现实一层一层往他的伤口撒盐。

"即从巴峡穿巫峡，便下襄阳向洛阳"。我想，即使这些场景被AI（人工智能）制成儿童动漫，不谙世事的孩子可以赏心，可以悦目，但是杜甫情感世界的底层逻辑，他们无法进入。

杜甫再度流亡，诗人不光在梓州落脚，他还去了其他地方，比如他在阆州大约生活了小半年。[2]在梓州和阆州之间，杜甫又往返了好几趟。杜甫不停地行走在巴山蜀水

---

[1] 见唐代杜甫《遣忧》："隋氏留宫室，焚烧何太频！"
[2] 杜甫公元762-763年在梓州，公元764年在阆州。

之间。

阆州是哪呢？今天的四川省阆中市，这个地方很有名。"三国迷"的朋友一定知道，阆州作为军事要塞，张飞曾在这里镇守七年。现在阆州古城还有张飞巡街的表演。阆州也是风水之城，还是状元之乡。

阆州，东依巴山，西临剑门，山环水绕，景色奇绝。可是，在杜甫之前，没有人描述过。杜甫写过《阆山歌》《阆水歌》，把阆中山水，油画般呈现给后世读者。

无论避难梓州还是阆州，杜甫得到过个别人的关照。[1]表面上，杜甫过得还算如意，实际内心极不舒服。在很多应酬性饭局，杜甫不得不曲意逢迎，强颜欢笑，陪居末座。杜甫又和长安时期一样，自称"贱子"，诗题中"陪"字一再出现。当地使君、县令久闻杜甫的诗名，需要他撑场子，就"肥肉大酒"邀请，纵使觥筹交错，难得心腹之交。初见如故，再见已是陌路，这正是杜甫的伤心处。

"昔如纵壑鱼，今如丧家狗"[2]。杜甫说，过去像江河的鱼百般自在，如今像没家的犬狼狈不堪。只有十字，却无限辛酸。

红尘路远，瘦马天涯。杜甫一方面想念他的草堂，一

---
[1] 比如章彝。当时担任梓州刺史兼东川留后。
[2] 见唐代杜甫《将适吴楚，留别章使君留后，兼幕府诸公，得柳字》。

方面做好了东游的计划,计划顺着嘉陵江东下吴楚。[1] 路费筹到了[2],饯行酒也摆过了,和朋友们道别的诗都写好了,一切就绪。

正要解缆东下,忽然又传来一个好消息。

咱们开头说杜甫送严武回朝,严武回来了!杜甫喜出望外,变卦了,决定回他的成都草堂。

从杜甫这辈子来讲,再度流亡的这段时期,诗人衣食无着,萍水相逢,尽是他乡之客。诗人从离开草堂到再回草堂,不过一年又九个月。家国之痛、羁旅之愁,再次成为诗歌创作的主色调。

那么,严武为什么重返成都?他给杜甫的命运又会带来什么转机呢?

---

[1] 见唐代杜甫《将适吴楚,留别章使君留后,兼幕府诸公,得柳字》。
[2] 据考证,旅费多半是章彝替他筹划的。

肆　幕府风波

为何称杜甫为「杜工部」？
在成都草堂安逸生活后，
杜甫又是如何
从少陵野老进入幕府当中的？

【文前按语】

　　杜甫家中是有名望的世家大族,他从小就深受家中感染,因此也有一颗报效国家之心。杜甫的仕途荆棘丛生,正逢"安史之乱"局势动荡,社会不安。他携一家老小逃到成都后,在一众好友的帮助下修建草堂,过上了安稳的日子。

　　公元764年,即"安史之乱"结束次年,严武受任成都尹兼剑南节度使。在前往成都的路上,严武多次写信给杜甫,希望他入幕府,但杜甫却不想再入官海沉浮。

　　为何那个曾经渴望仕途,希望能一展拳脚的杜甫如今却不愿再踏入官场?这期间究竟发生了什么事呢?

01

冯至先生说过一句话,他说"人们提到杜甫时,尽可以忽略了杜甫的生地和死地,却总忘不了成都的草堂"。[1] 在这儿我还想补上一句,不光别人忘不了成都草堂,就连杜甫本人也忘不了。

公元762年杜甫送别严武之后,因为成都发生叛乱,不得不开启新一轮的流亡之旅,在梓州、阆州等地滞留一年多。在这段时间里,草堂成了他的碎碎念。

那杜甫怎么得以重回草堂的呢?

因为严武再度镇蜀。严武为什么会再度镇蜀?此前,二圣驾崩、代宗即位,严武回京干了一件大事,主持修建唐玄宗、唐肃宗的陵墓。虽然事起仓促,加之乱后国库空虚,不过两陵仍然规模宏大,玄宗、肃宗先后葬于泰陵和建陵。严武这次又回到成都,第一是圆满完成任务,有功之臣;第二还有点像"救火队长"。

救啥火呢?吐蕃起兵犯境,尽取河西、陇右之地,逼近长安,结果西川节度使高适,出征不利,致使三州陷落,随即西山城失守,成都的保护屏障被撕开。西南战事吃紧,

---
[1] 见当代作家冯至《杜甫传》,人民文学出版社,1952年版。

【编者语】

经历了在梓州、阆州的漂泊,再次回到草堂的杜甫得到了久违的放松与心灵的治愈,当严武找到杜甫,邀请他入幕府、报效国家时,杜甫却有些沉溺于眼下的这份温情,这份安宁。为了劝说杜甫,严武还特意作诗。诗中严武将杜甫比作了谁?看到这首诗的杜甫又是怎样的心情呢?

朝廷当然要走马换将,已过花甲的高适被召回京城,由年富力强的严武接替。严武强势返岗,就是来收拾残局,来"灭火"的。严武要回成都,马上想到他的好友杜甫,给杜甫发出好几封"邀请函",非常够意思。杜甫也相当乐观,在他心中,严武是坐镇成都的最佳人选,此番归来,势必夺回属于自己的主场。

所以,公元764年的春天,对杜甫来说,三件大事:第一,泣别高适;第二,喜迎严武;第三,重归草堂。

杜甫重归草堂的时候,季节真不错,赶上个春天的尾巴。暮春时节,"杂花生树,群莺乱飞",杜甫挈妇将雏,一路鞍马风尘,从阆州赶回成都。一想到要回草堂了,杜甫在途中一口气写了五首诗。

人的记忆，是附着在很多东西上面的。在诗里，杜甫提到他心爱的乌皮几。[1] 乌皮几就是一个乌黑色的小家具，后来杜甫走到哪带到哪，有学者称，这是杜甫的"乌皮几之恋"。杜甫还想念草堂四棵小松树[2]，盼着它们长得快，长得高，担心那种不成材的竹子随处疯长，夺走它们的生长空间。纵有万竿，也要铲除："新松恨不高千尺，恶竹应需斩万竿"[3]。等到杜甫回到草堂，小松树怎么样呢？四棵小松树"别来无恙"，长得好好的，原来不到三尺，现在一人多高，杜甫一颗心总算放下了。

可是再打开房门，哎呀，满地野鼠乱窜，书卷里边掉下来干瘪的蠹鱼，一片没有主人的荒凉景象。但是听说杜甫回来了，草堂忽然间充满了生气，久别乍归，一时共喜：

旧犬喜我归，低徊入衣裾；
邻里喜我归，沽酒携胡芦。
大官喜我来，遣骑问所须；
城郭喜我来，宾客隘村墟。[4]

---

[1] 见唐代杜甫《将赴成都草堂途中有作先寄严郑公五首·其五》。
[2] 见唐代杜甫《寄题江外草堂》"尚念四小松，蔓草易拘缠。"
[3] 见唐代杜甫《将赴成都草堂途中有作先寄严郑公五首·其四》。
[4] 见唐代杜甫《草堂》。

大家看，杜甫连用四个"喜"字，是不是令我们想起木兰还乡："爷娘闻女来，出郭相扶将；阿姊闻妹来，当户理红妆；小弟闻姊来，磨刀霍霍向猪羊。"往日的爱犬非常依恋，徘徊在诗人身旁，左邻右舍带着礼物前来慰问。严武派人来打听，缺不缺啥，少不少啥。远远近近来人很多，简直挤满了整个村子。

诗人归来，春天便成了真正的春天。杜甫接下来又像一位纪录片导演，用诗歌作镜头，持续高能输出。比方说："迟日江山丽，春风花草香。""江碧鸟逾白，山青花欲燃。"[1]"蔼蔼花蕊乱，飞飞蜂蝶多""地晴丝冉冉，江白草纤纤"[2]。还有流传最广的那首绝句单品："两个黄鹂鸣翠柳，一行白鹭上青天。窗含西岭千秋雪，门泊东吴万里船。"此时杜甫身在草堂，然而胸次开阔，思接千载，视通万里。这些短诗，很可能杜甫率尔成章，但是可以见出，尽管西山那边吐蕃在继续捣乱，但是诗人用心感受生命的律动和自然的魅力，幸福感在稳步回升。

其实，让生活切换一下暂停键，随时停下来，看看天上的云，一会像白衣，一会像苍狗；随时停下来，浴一回月光，落两肩花瓣。我们就会发现，感受美不需要付出任

---

[1] 见唐代杜甫《绝句二首》。
[2] 见唐代杜甫《绝句六首》。

何代价。杜甫就是将春天的景象化成流淌的诗行，写足了草堂的色彩与腔调。

对于杜甫来说，成都既是诗人生命的绿洲，也是一片创作的沃土，成都毫无保留地接纳了杜甫，杜甫毫不吝啬地赞美成都。在哪里打磨，就在哪里闪耀。诗人的诗歌创作迎来大丰收，成都期间，写了240余首诗。有人说，写杜甫的诗，最适合用魏碑去写，笨拙、木讷、朴素。我觉得，杜甫成都时期关于春天的诗，完全可用更漂亮的书法，因为好多诗可与王维一拼：诗中有画，画中有诗。

公元764年整个春夏，杜甫幽居草堂，时而接待一下来访的朋友，时而出去走走转转。草堂再次让诗人找回了心灵的自洽。

接下来，杜甫命运的齿轮继续转动，更大的好事在等着他。

02

没过多久，杜甫收到来自严武的一份超级豪华"大礼包"。这个"大礼包"，就是严武给杜甫找了一份工作。严武上奏朝廷，主动为杜甫请官，全称是：节度使署中参谋加检校工部员外郎，赐绯、鱼袋。

这个名称真够长的，杜甫的这一任命，牵涉到唐代的官制，需要慢慢捋捋，分解一下。

先说杜甫为节度使署中参谋，啥意思呢？就是让杜甫到严武的幕府任职。严武这回再次被任命为成都尹，同时兼任合并两川的剑南节度使。节度使是唐代开始设立的地方军政长官，相当于军区书记和司令的职位。为啥叫节度使呢？唐代节度使渊源于魏晋以来的持节都督。因为受职之时，朝廷赐以旌节而得名。节度使最初作为军事统帅，主要掌管军事、防御外敌，后来渐渐总揽一区的军、民、财、政。所以，严武是不是很牛很厉害？

杜甫担任严武的参谋，参谋的岗位职责是啥呢？参谋作为节度使的一个幕僚，通常一至两人，由节度使自行聘任。业务范围无外乎出谋划策，处理公文等等。[1] 其实，节度使手下不光有参谋，还有行军司马、掌书记、判官、随军，假如能自选，我个人觉得，最适合杜甫的是掌书记。估计是当时那个岗位没有空缺。

再说加检校工部员外郎。

---

[1]《旧唐书·志·职官三》（卷四十三）又云：节度使：天宝中，缘边御戎之地，置八节度使。受命之日，赐之旌节，谓之节度使，得以专制军事。行则建节符，树六纛。外任之重，无比焉。至德已后，天下用兵，中原刺史亦循其例，受节度使之号节度使一人，副使一人，行军司马一人，判官二人，掌书记一人，参谋，无员数也。随军四人。皆天宝后置。检讨未见品秩。

唐朝实行三省六部制，工部是六部之一。员外郎，原指设于正额以外的郎官。这说明，杜甫担任尚书省工部员外郎，实际杜甫不用到朝廷赴任。只是挂个名，享受这个级别的薪俸待遇。杜甫诗集叫《杜工部集》，杜工部，就是打这来的。

那赐绯、鱼袋又指的啥呢？我们今天对这些术语很陌生。赐绯，与唐代官员的等级有关。比方说，电视剧《神探狄仁杰》，狄仁杰一身紫色调的官服，威严气派，因为狄仁杰当时是三品官；在唐代，三品以上服紫，四品、五品服绯（大红）。但是，也有赐紫、赐绯这一说法。

如果身居宰相，但是官阶未到三品，按规定不应服紫，但是皇帝会敕命加赐，这叫"赐紫"。赐绯也是这样，杜甫担任检校工部员外郎，这是杜甫生平官阶最高的一个官：从六品上，按理也不应服绯，所以叫"赐绯"，这对杜甫来说，是一种特殊的荣誉。不光赐绯，同时还赐鱼袋。

鱼袋是个啥呢？它和鱼符制度密切相关。

唐朝官员，尤其是五品以上要员，经常出入皇宫。当时没有人脸识别系统啊，鱼符就相当于高级官员的特制"身份证"。鱼符的形状酷似一条鱼，它和人民币一样，具有一定的防伪功能。当然身份地位不同，佩戴的鱼符也不同。太子的鱼符是玉制的，亲王的鱼符是金制的，普通官员的鱼符是铜制的。鱼袋，顾名思义，就是装鱼符的小口袋，别看荷包一样大小，但它是区分官员地位的一种配饰，三品以上佩金鱼袋，四品五品配银鱼袋，那杜甫呢？杜甫是六品，按规矩，没有鱼袋。

所以，杜甫同时被赐绯和鱼袋，这是"双料高配"。从理论上讲，检校工部员外郎，相当于杜甫仕途的巅峰。从实际来看，没有那么光彩照人，杜甫从少陵野老到杜工部，不过完成一次带有想象的身份转换。唐朝中后期，"检校"均为散官或加官，主要表达深受恩宠。"员外郎"也并非严格意义的正式官员，有点像我们今天说的超编或者编外。[1] 所以，检校工部员外郎，实质是杜甫的一个虚衔，杜甫真正干的活儿，还是幕府参谋的活儿。

大家会不会有个疑问，早在公元761年年底，严武就担任成都尹，相当于成都市市长。严武和杜甫关系那么铁，他怎么不早早安排，把杜甫收入自己帐下？其实，严武那个时候，不是没邀请过杜甫，只是被杜甫给拒了，是严武的邀请不够诚意，还是"话术"不够高明呢？

严武在诗中，把杜甫比作一个人，这个人叫祢衡。[2]

---

[1]《唐会要》卷67《员外郎》条有云："员外及检校、试官、斜封官皆神龙（中宗705）后有之。开元（玄宗713）大革前事，多以除去。唯皇亲战功之外，不复除授。今则贬责者然后以员外处之。"

[2] 见唐代严武《寄题杜拾遗锦江野亭》："莫倚善题鹦鹉赋，何须不着鵕䴊冠。"鵕䴊，读作jùn yì。

祢衡是谁啊？祢衡乃汉末名士，就是《三国演义》里面"裸衣骂曹"那个"愤青"。该说不说，祢衡最大的毛病是超狂傲，超毒舌，但不得不服，祢衡超有才。尽管祢衡与整个世界格格不入，但唯与孔融惺惺相惜。孔融非常赏识他，说他的才华——英才卓越；说他的造诣——入室登堂；说他的品质——志怀霜雪；说他的优长——过目成诵；说他的性情——嫉恶若仇。[1] 祢衡简直独一无二。后来，祢衡现场作赋，一挥而就，文不加点，一篇"即席命题作文"立等可取。《鹦鹉赋》一出，震惊四座。

严武拿祢衡说事儿，目的何在？这是在给杜甫拟定一份职业规划。他力劝杜甫不要单纯以文才自恃，不要做"两脚书橱"，满腹经纶万万不可浪费，应该派上用场，杜甫宝刀未老，希望他重出江湖。

杜甫啥反应呢？我猜杜甫有点小开心。因为杜甫也拿祢衡说过事儿，他类比的人物不一般，唐玄宗的女婿——驸马张垍。杜甫对张垍也是一通猛夸。说张垍官运亨通、青云高举，何等潇洒自得。说张垍，文笔雄健、斐然成章，赛过祢衡。[2] 杜甫开心归开心，不过这个时候，杜甫正在仕与隐之间进行痛苦的"心理拉锯战"。我们不难理解，

---
[1] 见东汉孔融《荐祢衡表》。
[2] 见唐代杜甫《奉赠太常张卿垍二十韵》。

多年来杜甫一直在路上，身心俱疲，安居草堂，生活刚刚回到正轨，难免有些轻度佛系。杜甫在诗中自比一些隐士，[1] 无官一身轻。生存状态是陶渊明式的，连艺术品位都有靖节先生的意思了。坐拥青山绿水，不啻世外桃源，他还不想轻易打破自己刚刚获得的一丝宁静。

那这次严武又请他出山，杜甫为啥没有婉言谢绝呢？

03

杜甫这次进入严武幕府，他又经过了一次流亡。老杜携家入蜀、这是一次大逃难。避地梓州、阆州，这是大逃难中的一次小逃难。寄寓草堂，杜甫是异乡为客，再度流亡，是客中做客。俗话说，"在人矮檐下，怎敢不低头。"杜甫的人生体验有了更深一层的切肤之痛。

他把自己的流亡心路进行了小结："生理只凭黄阁老，衰颜欲付紫金丹。三年奔走空皮骨，信有人间行路难。"[2] 杜甫意思是说，今后自己全家生计只有依靠严武这位黄阁老，老去的容颜且交给返老还童的紫金丹吧。三年来梓州、阆州各地飘荡，到头来空剩一副皮骨，真识得人间行路，

---

[1] 见唐代杜甫《可惜》："此意陶潜解，吾期后汝生。"
[2] 见唐代杜甫《将赴成都草堂途中有作先寄严郑公五首·其四》。

如此多艰。

这四句诗既简单，又复杂。它就像海明威那个著名的冰山理论所说，好的作品要像海上漂浮的冰山，有八分之七应该在水下。只有很少一部分露在海面上，那些我们看不到的，深藏在海底。都说，成年人的崩溃仅设置自己可见。杜甫如此痛彻心扉的感悟，不是一天两天的事儿。辗转漂泊、寄食于人，这是杜甫后半生真实的状态，他在不同时期，诗中屡屡出现"旅食"这个字眼：

> 骑驴三十载，旅食京华春。[1]
> 筑居仙缥缈，旅食岁峥嵘。[2]
> 旅食白日长，况当朱炎赫。[3]
> 旅食惊双燕，衔泥入北堂。[4]
> 吾人淹老病，旅食岂才名。[5]
> 终然添旅食，作苦期壮观。[6]

---

[1] 见唐代杜甫《奉赠韦左丞丈二十二韵》。
[2] 见唐代杜甫《敬赠郑谏议十韵》。
[3] 见唐代杜甫《白水县崔少府十九翁高斋三十韵》。
[4] 见唐代杜甫《双燕》。
[5] 见唐代杜甫《入宅三首》。
[6] 见唐代杜甫《行官张望补稻畦水归》。

依附于人的日子很不好过。可是，成年人的脚步，谁不是一边踉跄前行，一边重整旗鼓。杜甫这次走进严武的幕府，就是为了给自己的旅食生涯画个句号。有人问过我，朋友到底有没有用？我的观点是，朋友是分层的，真朋友是有用的。什么样的朋友可以定义为真朋友？最起码的一点，他能见得你好。严武邀请杜甫入幕，恰好证明严武在想方设法为杜甫排忧解难，想让杜甫活得好。杜甫也相信，有了严武的庇护，生活一定会好。

杜甫感觉亏欠严武太多，他能把自己束缚在幕府的规矩里，就是为了报答朋友的知遇之恩，一再蹉跎为的是对严武效一份小小的忠心："束缚酬知己，蹉跎效小忠"。[1]

同时，我们还要看到，杜甫骨子里是个儒生，沉到海底也要望月，跌到谷底都要开花，他对严武治蜀充满了信心。太平岁月，指日可待。

就这样，公元764年六月，杜甫正式成为严武的参谋。有人说，这是离休老干部的"再就业"。不管怎么讲，杜甫也算"新官上任"，总要烧三把火的。

杜甫入幕之后，作了《东西两川说》，对社会积弊进行了深刻论述。比方说，抵抗吐蕃的侵略问题，合理征收

---

[1] 见唐代杜甫《遣闷奉呈严公二十韵》。

赋税问题，禁止土地兼并问题。杜甫还建议清理整顿"干部队伍"，"铁腕反腐"。以奉公守法作为准绳，对在职官吏实行"一票否决制"，力争做到贤者在位。从中可以看出，杜甫对那些为官不仁者深恶痛绝，欲除之而后快。

《东西两川说》，杜甫提出"均亩"（钧亩）的主张。后来又提出"均赋""均役"的主张[1]。这种平均主张，是诗人不忘国运民瘼的广阔胸怀，也是诗人的光辉理想。

我们可以想象这是怎样的杜甫？

杜甫，凡人微光，进亦忧、退亦忧，闲居草堂亦忧，幕府任职亦忧，无论庙堂之高还是江湖之远，他对家国，对人民，爱得真挚，爱得深沉。一年又一年，见赤诚、见初心、见人品。

在当时，吐蕃势头正盛，给蜀地造成很大威胁。严武领兵作战一把好手。此次镇蜀，重中之重就是收复被吐蕃占领的三州。

有一次，骑兵们要试新旗，严武在幕府设下酒宴，杜甫盛装出席。

六月，诗人写下入幕后第一首主旋律作品，激情澎湃地歌颂严武的赫赫军威，尤其骑兵护送大旗入场，写的非

---

[1] 见唐代杜甫《夔府书怀四十韵》："恐乖均赋敛，不似问疮痍。"《送陵州路使君赴任》："众僚宜洁白，万役但平均。"

常好看：回转时如飞盖偃仰，飘忽处如流星迸落，乍来如风驰之急，倏到如山势之倾，马上俯身则旗尾掠地，虹蜺在握而舒卷随人。严公如此严于练兵，则三州可收，巴蜀可宁，"公来练猛士，欲夺天边城。"[1]

七月，严武亲临西山前线，出发前，举行简短阅兵式。这是仪式感最强的一个环节。别看严武是武将，不光弓马娴熟，舞文弄墨也不在话下，既打得了仗，也提得了笔，严武作诗，满满的边塞豪情："更催飞将追骄虏，莫遣沙场匹马还，"[2]杜甫唱和道："已收滴博云间戍，欲夺蓬婆雪外城，"[3]鼓励将士们乘胜追击，打到敌人的地盘去。

严武果然不负众望。九月，大破吐蕃七万将士，收复当狗城，拿下盐川城，接着派人在西山大力追击，扩地数百里，保卫了西南边疆，有效阻止了吐蕃侵犯长安的步伐，这不得了啊。

所以后来，杜甫在《八哀诗》里向严武致敬：公来雪山重，公去雪山轻。[4]

说过这些，大家是不是觉得，杜甫入幕了，从此好运加满，一路繁花。可是杜甫内心产生很多负反馈，他的工

---

[1] 见唐代杜甫《扬旗》。
[2] 见唐代严武《军城早秋》。
[3] 见唐代杜甫《奉和严郑公军城早秋》。
[4] 见唐代杜甫《八哀诗》。

作满意度相当低,问题到底出在哪呢?

04

杜甫做幕僚的时间很短。准确来说,从公元764年六月到公元765年正月,七个月的光景。让我们惊讶的是,

【编者语】

杜甫果然不负众望,任职不久后,他就精准地指出现在所面临的困境,并提出了解决方案,言辞犀利,直击要害。将士出征,杜甫为其饯行,写下"已收滴博云间戍,欲夺蓬婆雪外城。"鼓舞士气。

"在职"期间的种种行动,无不体现杜甫忠心耿耿,为国为民。深切地爱着国家,爱着人民的杜甫,却在任职不久后选择拜别严武,告别官场,这其中究竟发生了什么呢?

杜甫刚刚上任两三个月，他就提出过辞职。[1]严武进行了劝慰和挽留。又过了三四个月，杜甫实在撑不下去了，去意已决，严武尊重了他的请求。

按说，杜甫成了参谋，原本是求之不得的一大幸事。大唐做官，虽然没有什么五险一金、绩效工资、年终奖，但是，官员的俸禄也很可观。对于生计无着的杜甫来说，能够解决头等重要的经济来源，太香啦。杜甫也很领情，他在诗里，几次用到"知己"一词，[2]表达对严武的感激。

那杜甫为啥不干了呢？

这个答案需要到杜甫的诗里去寻找。杜甫的诗，就像一个压缩文件夹。解压后，我们发现，杜甫的心理是个极其复杂的矛盾综合体。杜甫辞职的原因很多，我把它主要归纳为三个"不"：

第一个"不"，作息不利。

唐朝没有周六、周日这一说法。除了假日福利，每十天放一天假，幕府的时间管理非常严格，杜甫每天天刚亮就要"签到"，黄昏时分才能下班。

---

[1] 见唐代杜甫《遣闷奉呈严公二十韵》。
[2] 见唐代杜甫《立秋日雨院中有作》："穷途愧知己，暮齿借前筹"。《到村》："暂酬知己分，还入故林栖"。《遣闷奉呈严公二十韵》："束缚酬知己，蹉跎效小忠"。

杜甫早年就有各种疾病，这时又添了一个新病：风痹。在办公室里坐久了，四肢就感到僵硬麻木。唐宋人的平均寿命都不长，欧阳修38岁自称"醉翁"，苏轼38岁自称"老夫"，杜甫这个时候，53岁，已是一个完完全全的老人，很难适应严苛的幕府制度。

官场是古代官员的第二考场。幕府生活枯燥不说，人际关系也很微妙。

第二个"不"，同僚不睦。

由于中原大乱，无法生存，西蜀可以勉强维持，所以那里的官员，彼此勾结，互相攻击，争夺这个"黄金赛道"，软环境非常恶劣。老杜到幕府不久，就遭到同僚的排挤，还有某些轻薄之徒的蔑视。

杜甫知道的是，严武三十多岁，杜甫不知道的是，围绕在严武周围的人，都是三十多岁。这些人，不可高估，更不可低估。大家想，杜甫顶着诗人的光环，自带流量，加上他和严武的特殊关系，自然成了严武席上的座上客。杜甫不仅能指点江山，激扬文字，还能陪着严武到处游玩，常规操作是每到一处必须诗酒唱和。在同僚的眼里，这个五十开外的老头儿，身份怪怪的还挺"硬核"，稳稳地扮演着严武的"实力派配角"。大家不禁嫉妒和猜疑，害怕杜甫抢了自己的饭碗。要论尔虞我诈，杜甫肯定不及格，他被迫与那些同僚周旋,饱受煎熬。[1]

第三个"不",心里不爽。

杜甫不断地进行心理建设,但是仍然为自己的入幕感到惶惑、屈辱和悔恨。这种苦闷积压太久,就像一个火星儿能引起瓦斯爆炸一样,所有日子累加起来,就成了杜甫笔下沉重的叹息。

杜甫向严武诉说自己的苦闷,请求他把自己从困境中解放,这种困境,好比网中之龟,笼中之鸟:"龟触网""鸟窥笼"。[2] 此时杜甫的感觉,多么像陶渊明啊,"羁鸟恋旧林,池鱼思故渊"。所以,杜甫希望严武能够体谅他,草堂和幕府相比,无论秋朗气清,淡云疏雨,还是陌上同游,独步寻花,杜甫都能通过自然的旨趣与生活的困苦达成一种和解。杜甫要回草堂,就像陶渊明要回到他的"园田居"。

一般人都会关注杜甫晚年生活的贫困,其实在精神上,他承受的痛苦更重、更深。红尘太远,世情薄凉,踏平坎坷,又遇沧桑。杜甫人生不光处于波谷,而且处处设置了路障,他的诗里承包了一切的人生况味。

在公元 765 年的大年初三,杜甫终于又回到了草堂。

---

[1] 见唐代杜甫《莫相疑行》:"晚将末契托年少,当面输心背面笑;寄谢悠悠世上儿,不争好恶莫相疑!"
[2] 见唐代杜甫《遣闷奉呈严公二十韵》:"信然龟触网,直作鸟窥笼。"

从杜甫这辈子来讲，幕府供职，这是杜甫第四次做官，也是最后一次做官，杜甫，能够"赢得千秋工部名"，我们从中可以梳理出一条杜甫和严武的友谊编年史，在他们看似私人的交集里，无一不折射出时代之光。

杜甫回到草堂，过了几个月的安心日子。不久，高适辞世。到了四月，又传来晴天霹雳，严武暴病而卒。杜甫在成都彻底失去了依靠，他不得不再次带领家人从这里离开。

成都，难说再见。杜甫在成都的时间很短，可是，他对成都的记忆很长，也许长过了他的一生。诗人一家老小，从万里桥顺流而下，到了忠州，杜甫遇见严武的棺椁，归返京都安葬，他看着船上随风飘扬的白幔渐渐远去，不禁悲从中来，[1]目送朋友最后一程，已是阴阳两隔。到了云安，诗人病倒了。接下来杜甫又将面临怎样的生活挑战？下一站又是哪里呢？

---

[1] 见唐代杜甫《哭严仆射归榇》："素幔随流水，归舟返旧京。老亲如宿昔，部曲异平生。风送蛟龙雨，天长骠骑营。一哀三峡暮，遗后见君情。"

<<<

杜甫诗意图
明末清初·王时敏
纸本、设色
北京故宫博物院藏

伍

夔州风情

杜甫因何与夔州结缘?
杜甫的到来,
给这片古老的土地注入了怎样的文化底蕴?

【文前按语】

严武壮年亡殁,杜甫失去了心灵知己。这一年成都的盎然春色,在他眼中也变得黯淡无光。"飞旐出江汉,孤舟转荆衡"。阴阳两隔无可相望,万般凄凉无法言说。杜甫目送严武的棺椁渐行渐远,只得继续着自己的离蜀之路。

此番远行的目的地是夔州。夔州自古文人多,奉节诗城美誉传。能得此称赞,这与夔州雄壮的景色和独特的人文息息相关。

那么,杜甫的东行之旅经历了怎样坎坷?杜甫一家客寓夔州的生活又是怎样的?

01

中国作为诗歌的国度，当然有很多诗歌高地。到目前为止，全国被授牌"中华诗城"的地方有两个：一个是巩义，一个是奉节。[1] 这两个地方都和杜甫有关。

巩义，这是杜甫的故乡，实至名归。奉节为啥也成了绕不开的一个地标呢？

奉节，原来并不叫奉节。大家都知道，三国时期，刘备托孤白帝城，所以，唐太宗为了旌表诸葛亮"托孤寄命，临大节而不可夺"的品质，故赐名"奉节"。

这个名字一直叫到了今天。但是奉节古称"夔州"，有道是："经夔无诗，枉称诗人"，历史上好多诗人在夔州打过卡，做过官，留过诗。杜甫不但属于这个序列，而且是重量级的一位。他在夔州一待就是一年零九个月。

那杜甫是怎么和夔州结缘的呢？

公元 765 年的春天，严武离世，对于杜甫而言，他在成都的靠山倒了，仿佛整个世界瞬间变得荒芜，所以生计所迫，杜甫再次踏上漂泊之旅。那座渐行渐远的成都草堂，杜甫此生再也没有回去过。

---

[1] 2017 年，中华诗词学会授牌奉节为"中华诗城"。2023 年，中华诗词学会授牌巩义为"中华诗城"。

从成都去夔州，这可不近啊，杜甫一家先从浣花溪进入岷江，再顺着岷江进入长江，沿途辗转，经过了好多站：嘉州、戎州、泸州、渝州、忠州、万州、云安。到了云安，这里距离夔州，还要有二百里左右的水路。

大家看，杜甫转徙江湖，可以说八方飘荡，四处为家。难怪余光中先生说，如果他要出门旅行，最佳搭档他会找苏东坡。因为苏东坡能让一切变得有趣、有意思。他不找李白更不找杜甫，李白有点天真、有点不靠谱；杜甫太苦哈哈了。没错，杜甫实在"太苦"，就是这次途中的凄苦体验，杜甫打出过一个恰切又具象的比喻：

> 细草微风岸，危樯独夜舟。
> 星垂平野阔，月涌大江流。
> 名岂文章著，官应老病休。
> 飘飘何所似，天地一沙鸥。[1]

这首《旅夜书怀》超级有名。有个晚上，杜甫夜泊江边，他都看见了啥呢？有"细草"、"微风"，还有高高的桅杆，孤零零的小船，整体氛围十分柔弱、清冷。

---

[1] 见唐代杜甫《旅夜书怀》："大约是杜甫由忠州驶往云安的途中所作。"

秋湖夜泛图卷
清·张鹏翀

可是接着诗人来了一个反转，又极其雄浑、阔大，繁星垂向广袤的原野，明月照射奔流的大江。我们会不会有种错觉，如果说这是李白的手笔，毫不违和。李白曾写下"山随平野尽，江入大荒流"，杜甫这里是"星垂平野阔，月涌大江流"，他们都是离开四川写的，地理空间极其相似。李白写得够好了，杜甫写得更好。[1] 如果说李白的诗还有边界，杜甫的诗已经没有尽头。杜甫写平野越辽阔、大江越浩荡、星光越灿烂，无外乎反衬自己越渺小。

接着诗人又是一个反转。"名岂文章著？官因老病休"，名声难道是靠文章得来的吗？声名竟因文章而著，这实在不是杜甫的初心。很明显，杜甫是写自己仕途的失败。杜甫的休官，当然也不是因为既老且病，而是由于官场的不得志。这才是诗人最大的意难平。

当济世安民的政治抱负，都成了镜花水月。自己到头来孑然一身，像个什么呢？就像广阔天地间一只沙鸥罢了。在风中凌乱，在风中零落。

天大地大，有谁会注意到一只鸟呢？杜甫发现，自己的影像和沙鸥的影像，竟然重叠在了一起。身体的居无定所、灵魂的无处安放、情感的遍体鳞伤，促成杜甫独具特

---

[1] 明代学者胡应麟语。

色的"流浪书写"。全诗从头到尾弥漫一种苍凉之气,沙鸥将飞向何方,帆船又会停到哪里?杜甫的好诗数不过来,但是,我每次读到"飘飘何所似?天地一沙鸥",都为杜甫心里一痛。

到了云安这个时候,杜甫一家已经从春走到了秋,[1]可是,就在云安,杜甫病倒了。于是,不得不在云安停下了船。从杜诗所透露的信息来看,诗人这场病,病程很长,拖延了整个秋冬,而且实在病得不轻。有朋友前来探望,或许感觉预后不良,唯恐诗人大限将至,他们见了面,彼此都很伤心,告别时又相对落泪[2]。

那杜甫这次到底患了什么病,竟然到了如此境地?我们考察杜甫在云安前后所写的诗,大体能够做出诊断,杜甫应该是旧病复发,消渴、肺病加风痹,同时发作,[3]所以,杜甫这个时候非常严重,形神消瘦、疲乏无力,即便孩子搀扶,仍不能脱离拐杖,走路非常困难。

杜甫病滞云安,前后大半年的时间。杜甫在云安,又一次听到杜鹃声,不禁感时伤世,悲从中来。因为,杜鹃鸟,这是传说中与帝王、阴谋和悲剧有关的鸟,自古"杜鹃啼

---

[1] 永泰元年(765年)九月,杜甫抵达云安。
[2] 见唐代杜甫《别常征君》。
[3] 见唐代杜甫《十二月一日》三首:"明光起草人所羡,肺病几时朝日边"与"新亭举目风景切,茂陵著书消渴长",《客堂》亦称"栖泊云安县,消中内相毒"。

血猿哀鸣",所以,曾经写下一首诗,诗的题目就叫《杜鹃》,今天的云安有个亭子,叫作"杜鹃亭"。亭子里头有一尊杜甫的塑像,诗人一副清癯之貌,手持书卷,矫首遐观。在云安,杜甫一家寄居在严县令的一个水阁。在这送走旧岁,迎来新年。等到杜甫病情有些好转,他们从云安再度启程,来到夔州,已经是公元 766 年的暮春时节。

02

老话说,一方水土养一方人,这话不假。不过,杜甫到了夔州,实在是入乡难随俗。杜甫概括夔州给他的总体印象,是这样七个字:"形胜有馀风土恶"。[1]意思是说,夔州虽是形胜之地,山水瑰奇,但是风俗薄劣。

那夔州到底形胜有多佳,风土有多恶呢?

夔州是峡谷地貌,自然风光带给人的审美冲击是壮丽而震撼。瞿塘峡,被誉为长江第一峡。雄伟的夔门,是瞿塘峡的绝景,也是世界级喀斯特地质奇观,有道是,"峨眉天下秀、青城天下幽、剑门天下险、夔门天下雄"。

估计大家早就发现了吧?第五套 10 元人民币,背面

---

[1] 见唐代杜甫《峡中览物》。

的取景地就是夔门，"长江三峡"的西大门，堪称"中华山水之门"。

杜甫在夔州，一面赞赏那儿的山水，又一面抱怨那儿的习俗。为啥呢？

首先，杜甫到夔州之时，正值春夏之交，夔州四面环山，空气流通不畅，夏季异常酷热，而且当地的瘴气，非常恐怖，巫山一带的炎瘴从夏至冬，连绵不绝。[1]大家想，这个时候，杜甫已经五十五岁，年老迟暮，加之疾病缠身，这样的自然环境当然令诗人苦不堪言。

还有，当年的夔州，属于尚未开化之地。比方说，每逢干旱，当地老百姓的解决方案是什么呢？他们按照古老又愚昧的习俗，要么请巫师跳舞，要么抬菩萨出游，要么烧草龙祭天，甚至通过放火烧山的形式求雨，[2]熊熊烈焰把青翠的山林烧成一片灰烬，火光冲天，照的夜晚如同白昼。杜甫感到非常悲哀，非常愤慨，又非常无奈。

更重要的是，夔州人民的生活问题，已经成为一个严重的社会问题。

夔州的男人们，大多在江上操船为业。有钱的富豪开着大舸，没钱的穷人驾着小船。这里的孩子，到了学龄期，

---

[1] 见唐代杜甫《后苦寒行二首》。
[2] 杜甫在《火》一诗生动地记录了当地烧山祈雨的场景。

普遍上学难，用今天的说法，这里是急需施行"希望工程"的地方。但是他们练就了一身"绝活"，驾船技术非常高超。无论江水漫天的瞿塘峡，还是风涛怒吼的虎须滩，它们都败给了那些出色的水手，水手们稳操舟船，劈波斩浪，履险如夷。

有很多人吐槽，说这里的男人格局小，器量窄，修养不够，轻生逐利啊等等。杜甫不禁反过来问，如果说这里出不了英俊之才，为啥有过屈原这样的大诗人呢？[1] 这是杜甫对当地民风的一种深刻反思。夔州又贫穷又落后，当地人从小都不怎么读书，小学文化程度恐怕都算得上高级知识分子，峡中男子过着水上生活，风里来浪里去，有一天没一天的，长年累月在激流险滩中搏命。这是他们所处的艰难环境和困苦条件导致的。

关于女人呢，不知大家注意到没有，尽管女人，算不上杜甫诗中的关键词，但是杜甫写过形形色色的女人。比方说，江浙一带的女孩，"越女天下白，鉴湖五月凉"；幽居空谷的佳人，"天寒翠袖薄，日暮倚修竹"；珠光宝气的杨氏姐妹，"绣罗衣裳照暮春，蹙金孔雀银麒麟"；舞蹈艺术家公孙大娘，"昔有佳人公孙氏，一舞剑器动四

---

[1] 见唐代杜甫《最能行》："若道士无英俊才，何得山有屈原宅？"

方";穷到吃不上饭的寡妇,"堂前扑枣任西邻,无食无儿一妇人"。

那夔州的女人什么样呢?

夔州的风俗是男坐女立,这和传统意义上男耕女织,或者说,男主外女主内,完全两个版本。养家糊口,女人是主角,女人是主力。女人每天要爬山砍柴,然后到集市去卖,甚至不顾死活,贩卖私盐。可悲的是,那些妇女由于长期干着粗活累活,到了四五十岁,变得又老又丑而不能嫁人,尽管她们也戴首饰,也化妆,但是难掩她们脸上的泪水。那些"大龄剩女",还把野花和银钗插在头上,老女依然扮作少女,看了着实令人心酸。

好多人不去深究原因,只说她们长相不过关,所以成了"老处女"。杜甫又禁不住反问了,如果说这一带的女人天生颜值低,为啥出现过美女王昭君呢?[1] 由此可见,杜甫对夔州妇女的深重苦难深表同情,对造成这些悲剧的社会制度犀利批判。杜甫用无所不备的诗家之笔,给我们保存下夔州鲜活又痛楚的风土记忆。

如果说,船夫、老女,还属于夔州特殊的两类人,那么,整个峡中百姓的日子又怎么样呢?杜甫多次登临白帝城。诗人来到夔州第一个秋天,给我们写下不一样的白帝城:

---

[1] 见唐代杜甫《负薪行》:"若道巫山女粗丑,何得此有昭君村?"

【编者语】

因病暂居云安期间，杜甫看似远离了政坛，但实际上，杜甫时刻从亲友往来书信和言语间，关注着时局变化。"安史之乱"虽已平定，地方军阀混战未消。就连蜀中也难逃商旅断绝，民不聊生之惨象。然而杜甫已无力再次入世治天下，只能无奈地作诗悲叹："壮心久零落，白首寄人间"。

历经舟车劳顿、恶疾缠身，杜甫的小船终于在夔州靠岸，此时诗人还未能寻得一份安宁，便被夔州的"蛮夷"风俗震惊不已。为了解闷抒怀，杜甫登临白帝城。公元759年，诗人李白流亡遇赦，途经此地作下惊世骇俗的奇诗《早发白帝城》，那么在杜甫笔下，白帝城是怎样的呢？

白帝城中云出门，白帝城下雨翻盆。
高江急峡雷霆斗，古木苍藤日月昏。
戎马不如归马逸，千家今有百家存。
哀哀寡妇诛求尽，恸哭秋原何处村。[1]

---

[1] 见唐代杜甫《白帝》。

>>>
杜甫诗意图
明末清初·王时敏
纸本、设色
北京故宫博物院藏

白帝城，高踞在白帝山上，它是汉朝割据四川的土皇帝公孙述修造的一座堡垒。为啥叫白帝城呢？因为当年这座城里有一口古井，井中常常冒出一股白色的雾气，公孙述故弄玄虚，说什么"白龙献瑞"，于是自称"白帝"，这座城跟着叫作白帝城。李白写"朝辞白帝彩云间"，[1]就是这个白帝城。在杜甫那个时代，夔州城和白帝城，基本指的是同一个地方。

杜甫所见，白帝城这场大暴雨真的很大。往上看，城上乌云密布，云气翻滚；往下看，城下大雨瓢泼，江水陡涨，水势如箭，浪拍崖壁，仿佛雷霆相斗，发出骇人的巨响。往远看，烟雾笼罩，古木苍藤，天昏地暗。

当雷声渐远，雨后的原野令人触目惊心。原野上一片萧条，只看到几匹懒懒散散的马和几户零零星星的人家，戎马死在战场，征人有去无回，千户人家只有百家尚存，十室九空。那些失去丈夫的女人，早已家徒四壁，无法生存，秋天的荒村，不知哪里传来阵阵哭声。

我要和大家讲，虽然这不是实写，但是杜甫给我们展现了安史之乱过后，南方民不聊生的一个缩影。她们穷困的社会根源是啥呢？诗人用了三个字："诛求尽"。她们

---

[1] 见唐代李白《早发白帝城》。

被勒索榨取，已经搜刮殆尽。因为诛求尽，所以贫到骨，一贫如洗。这里的百姓是一批挣扎在死亡线上的百姓。我们看相关史书，很难看到如此透明的"社会能见度"，杜甫的笔，犹如默默记录历史的摄像机。在这首诗里，诗人的感情甚为激烈，体现出杜甫疾恶如仇的一贯性格。

说过夔州的穷苦大众，杜甫一家的衣食住行怎么样呢？

03

杜甫在成都，得益于严武等人的关照，杜甫在夔州，又多亏了谁呢？

记住这个名字，柏茂琳。公元766年的秋天，柏茂琳迁为夔州都督，兼夔州刺史，他来到夔州之后，对杜甫颇为尊重，颇为礼遇，他还多次将其月俸分给杜甫。所以，杜甫一家在夔州的生活，这是继成都之后，又一段比较安定的生活。

这世上，唯有爱与美食不可辜负。大家都认为苏轼是美食博主，一路走一路吃，吃出了好多传世名菜。对于吃，杜甫也是认真的。条件不好，杜甫能将就；条件好了，杜甫也讲究。

【编者语】

初到夔州,杜甫一家举目无亲、一穷二白。恰逢夔州都督柏茂琳久仰杜甫的大名,屡次亲临拜访,并于生活和政治上给予帮助。此番善举使杜甫免于劳作辛苦。为表相助恩情,杜甫代柏茂琳作书上表,字字如珠玑,句句如箴言。既表达着对柏茂琳的寄托,更蕴含着杜甫作为"老臣"的衷心。

在夔州,杜甫一边管理田地,一边自耕自种。"嘉蔬既不一,名数颇具陈"。人们不禁评价杜甫在夔州搞起了"农家乐",那么诗人的田园生活是怎样的光景?杜甫和仆人之间的关系又如何呢?

杜甫爱吃鱼,但是到了夔州之后,夔州的饮食习惯与中原地区迥乎不同,这里"家家养乌鬼,顿顿食黄鱼","乌鬼"是啥呢?就是用来捉鱼的水鸟——鸬鹚,黄鱼又腥又腻,这让杜甫很不习惯。夔州还出产一种小鱼,这种小鱼是白色的,故称"白小","白小"就是银鱼,俗称面条鱼。杜甫诗中说"白小群分命,天然二寸鱼"。[1] 我

---

[1] 见唐代杜甫《白小》:"白小群分命,天然二寸鱼。细微沾水族,风俗当园蔬。入肆银花乱,倾箱雪片虚。生成犹拾卵,尽取义何如?"

们今天去奉节，这里有一道菜，既是下酒菜，也是下饭菜，名字叫"杜甫二寸鱼"，菜名就是打这儿来的。

可是在当时，夔州土著哪里懂得生态保护，生态平衡，往往涸泽而渔，一副赶尽杀绝的作风。杜甫写诗谴责当地捕鱼人的残忍。

要是数一数，杜甫在夔州吃到最令他念念不忘的美味，应该是槐叶冷淘。"槐叶冷淘"始于唐代，原本是皇家御厨供应官员的宫廷佳肴，后来逐渐传入市井民间。什么是冷淘呢？冷淘就是凉面，过水面。槐叶冷淘，顾名思义，就是把采来新鲜的槐叶剁碎，然后捣汁和面，切成面条，由于槐叶是碧绿色的，所以这道手擀面的成品，颜色是"翡翠面"的模样，沸水煮好后，捞入备好的凉汤中，吃的时候再加佐料调味，劲道爽口，冰冰凉，味蕾一秒被唤醒，这是盛夏消暑泻火的一道面食。[1]

除此之外，在夔州，杜甫基本实现了各种"水果自由"。

夔州都督柏茂琳时不时地会赠予杜甫优质的瓜果。"倾筐蒲鸽青，满眼颜色好"[2]。"蒲鸽"是一种青瓜，这是夔州特产。我猜颜色那么可爱，很可能类似东北香瓜——"绿宝石"。为了口感最佳，杜甫用山泉水来制冷，把青瓜"冰

---

[1] 见唐代杜甫《槐叶冷淘》。
[2] 见唐代杜甫《园人送瓜》。

镇"一下。待到时长够了,咬上一口,那种舌尖的快乐,大概就是三伏天,吃到"冒烟冰淇淋"的快乐吧[1]。

杜甫在成都草堂曾向人讨要各种果树,可以称得上一个"迷你"小果园。到了夔州,迁入瀼西之后,杜甫买下四十亩的果园,这么大的面积,某种程度既是"庄园",也是乐园。咱们都知道,柑、橘、脐、橙,都属于柑橘这一大类。奉节以盛产柑橘闻名遐迩,奉节脐橙已经是中国地理标志产品,这一"黄金果"堪称当地的"致富树"。奉节脐橙的栽培始于汉代,到了唐代,杜甫的果园里,既有橘树,也有柑树,秋天柑林清香四溢,杜甫想象树上的累累硕果,不禁欣喜陶醉,他赞美说"园甘长成时,三寸如黄金"。[2]柑子黄澄澄、金灿灿的,闪着诱人的光。

杜甫在夔州生活不到二年,[3]但是搬了好几次家。公元767年的暮春,杜甫搬到了瀼[4]水西岸,在这先租后买,有了自己的一份房产,这就是瀼西草堂,后来又搬到了东屯。杜甫经常往来于瀼西和东屯之间。

夔州一带,群山连绵,陡坡多,斜谷多,人们刀耕火种,生产力水平非常低下,难得有一片较为平整而肥沃的土地。

---

[1] 见唐代杜甫《园人送瓜》"落刃嚼冰霜,开怀慰枯槁"。
[2] 见唐代杜甫《阻雨不得归瀼西甘林》
[3] 766年–767年。准确来说,是一年零九个月。
[4] 瀼,读作 ràng。

杜甫移居东屯，柏茂琳把东屯一百顷稻田，交给杜甫管理，还给杜甫配备一名专管种植的官员助手。不用说，杜甫再也不用担心揭不开锅。杜甫一家还养鸡、种菜，早吃碳水、午吃蛋白、晚吃维生素，每天有氧运动，这农家院的日子非常滋润了。

可是，就算杜家生活达到"中产"以上，毕竟还有被赋敛盘剥的无产者，杜甫心理又是什么打算呢？

水稻插秧后，稻苗长势喜人。杜甫心里非常期待，期待风调雨顺的好年景，期待颗粒归仓的大丰收，期待舂出的米粒亮晶晶的，期待蒸出的米饭软糯糯的，可是只有杜甫一家"奔小康"，怎么能是诗人的理想呢？杜甫说："遗穗及众多，我仓戒滋蔓"[1]，"及众多"，就是将分惠于人，"戒滋蔓"，就是不专利于己。水稻还没收获，杜甫已经想到收获的分配问题，他惦记着一定给大伙分点。

这是怎样的思想境界？

无穷的远方、无数的人们都与杜甫有关。自己盆里有汤，巴不得让别人快点取一杯，自己碗里有饭，巴不得让别人快点舀一勺。杜甫自己过得不好，却见不得别人过得不好；杜甫自己过得好了，希望别人跟着一起过好；别人都过得好了，杜甫甘愿自己过得不好。

---

[1] 见唐代杜甫《行官张望补稻畦水归》。

等到稻子快收完了,杜甫又说:"筑场怜穴蚁,拾穗许村童",[1]杜甫想到准备场地把稻米储存好,他又想到收割时多掉些稻穗,让那些拾稻穗的孩子都能捡到一些。

通过这些小诗,这些小事,我们能看出来,杜甫对天下苍生,有一种近乎"执迷不悟"的爱,春去秋来,爱已无声。杜甫的眼光,总会注视到社会的最下层,这层可怜人的状况,别人看不出,杜甫能看出;这层可怜人的情绪,别人传不出,杜甫能传出。民生疾苦,这是杜甫终其一生不能承受之重。

这又是稻田,又是果园,杜甫家的农活不轻啊,杜甫自家人干得过来吗?

04

杜甫在成都和邻里乡亲打成一片,关系处得非常火热。但是在夔州,很难融入当地的生活。因为,那些土人相貌奇特,关键一口方言,杜甫压根听不懂,咱们想一想考"外语听力"的感觉,是不是就明白了?[2]

---

[1] 见唐代杜甫《暂往白帝复还东屯》。
[2] 见唐代杜甫《秦汉中王手札》"夷音迷咫尺,鬼物倚朝昏"。

夔州这儿还有很多獠人，[1]他们是非常古老的一个少数民族。[2]獠人还处于非常原始的阶段，大部分在赤甲山和白盐山上，过着巢居的生活。

说出来大家可能不信，夔州时期，杜甫家里是有仆人的。仆人还不止一个，有男仆有女仆，其中就有少数民族的"獠奴"。

咱们都知道，主人和仆人之间，地位严重不对等。那杜甫现在成了"东家"，在我们的印象里，东家往往吆五喝六，吹胡子瞪眼，一副颐指气使的嘴脸，杜甫是怎么对待手下人的呢？

夔州这个地方没有水井，居民都是用竹筒把山上的泉水引到院子里。由于距离太远，需要把竹筒一节一节接起来，有的竟长达好几百丈。

竹筒引水很容易发生故障，如果山石崩裂或者动物经过，都会导致竹筒脱节，如果上山检查，也是相当麻烦。杜甫在诗里，记录了两次引水事故：一天傍晚，竹筒的水越来越少。入夜时，邻居们争抢剩下的一点点水发生了争吵。

杜甫家有个未成年的仆人，叫阿段，阿段性格淳朴，

---
[1] 历史学家任乃强先生认为獠（音老），读lǎo时，中国古族名。
[2] 见北朝魏收《魏书·獠传》。

他不声不响一个人上山了。夔州地处山区，引水的竹管依山就势，常有塌方现象或是石头飞落的事故发生。很晚了，阿段没回来，杜甫很是放心不下。到了三更时分，杜甫因患消渴病，需要大量喝水，偏偏又恰恰断水，就在口渴难耐的时候，突然听到"哗哗"的水声，原来阿段把坏的竹筒维修成功。大家想，仆人的天职，就是当牛做马，任人奴役，但是杜甫呢，他担心阿段的安全，称赞阿段的胆量，还为能干的阿段作诗一首[1]，题目是《示獠奴阿段》。

我想说，如此卑微的"小人物"，能走进杜甫的诗里，"仁爱"真的不是高悬的抽象的准则，它是让弱小者生存下去的力量。杜甫在仆人面前，都能把自己最赤诚的心捧出来，在等级森严的唐代社会，不可以惊天地，却可以抵万金。

由于夔州是个山城，这里蛇虫多，虎豹多，老虎伤人是稀松平常的事。当地人常常将大树桩插在房屋周围，再编上竹条、涂上泥巴，做成严密的篱笆墙，相当于给家里上一道"安全锁"。趁着农闲时节，夏天的时候，杜甫安排仆人到山上去伐木，就是为了防备虎患，把院墙进行加固。

一大早，杜甫让几个仆人吃得饱饱的。他给仆人们规

---

[1] 见唐代杜甫《示獠奴阿段》。

定：每人砍回四根木头。仆人在正午时分就完工了。杜甫觉得，仆人下山十里，斩木而还，不仅劳动强度大，关键户外高温作业，非常辛苦，于是许诺说："秋光近青岑，季月当泛菊。报之以微寒，共给酒一斛。"要不了多久，这里青葱的山岭，就将满眼秋色，层林尽染，重九登高，我们将在这里赏菊共度。届时，我要答谢你们，在那天气微凉的九月，送给你们每人清酒一斛。[1] 看看吧，杜甫简直把垂直的主仆关系处成平行的同事关系甚至朋友关系。诗里写的不过一件区区小事，简单得像一张便条，朴素到了极点，不作惊人之语，却又满纸深情。

主张仁爱，这是杜甫雷打不动的精神信条，涉及仆人的这些诗很普通，但是很伟大，因为，诗的背后是一个伟大的灵魂。记得司马迁写《史记》的时候，他说，自己"想见其为人"的，只有两个，一个是孔子，一个是屈原。当我无数次阅读杜甫的诗作，也常常"想见其为人"。此种大爱，它能超越时空，超越民族，超越任何意识形态，成为永恒的温暖。

从杜甫这辈子来讲，夔州时期，这是杜甫晚年生活又一个重要的转折点，也是杜甫生平又一个值得大书特书的

---

[1] 见唐代杜甫《课伐木》。

时期。悲悯的诗人邂逅苍凉的古城，雄健的笔力遇到壮美的山水。杜甫的到来，使得夔州不仅是一座生态之城，也是一座诗意飞扬的人文之城。尽管夔州的日子过得很安稳，但是杜甫没有陷入浅浅的幸福里，而是陷入深深的回忆中。那杜甫都回忆了什么呢？

陆 —— 孤城杂忆

夔州时期,
杜甫为何诗兴大发?
这些诗的共同主题是什么呢?

【文前按语】

在夔州，杜甫过上了官差无扰、衣食无忧的生活。虽有暖衣饱食，可知音稀少，像高适、严武那样的挚友更是难寻，就连柏茂琳也犹如流星划过。杜甫将万般孤寂付之于诗，"故人多寂寞，今我独凄凉"。长夜漫漫，孤枕难眠，杜甫不由得陷入深深的回忆。那么，杜甫都回忆了哪些过往？杜甫的"回忆诗"又有怎样的历史价值呢？

01

杜甫在夔州的时候,有一回,发生了一次"意外伤害",这伤害,倒不是"他者伤害",而是杜甫"自我伤害"。怎么回事呢?杜甫参加了一场盛大的宴会,喝得有点亢奋有点高,于是他借着酒劲飞身上马,动作很快,姿势很帅,一手握着马鞭,一手控着缰绳,恍惚之间,又成了从前那个追风的少年,结果从马背摔下来了,摔得还挺重。这场酒局的发起者、参与者,听说之后,全都赶来慰问。杜甫不得不承认自己老了,往昔的英雄已经迟暮。

那杜甫为啥会突然"老夫聊发少年狂"呢?杜甫在诗中给了咱们答案:"骑马忽忆少年时,散蹄迸落瞿塘石。白帝城门水云外,低身直下八千尺。"[1]杜甫因为回忆起自己早年鲜衣怒马的大美时光,所以又一次开启"狂飙"模式。但见马儿四蹄腾空,那气势仿佛要把瞿塘的山石震落,杜甫一路跃马飞奔,从白帝城门急速闪过,此一刻,他的骏马已经赛过"奔驰"。

那杜甫的青春回忆到底是怎样的画风呢?诗人在《壮游》这首长诗里,给咱们回放了当时的场景,他说,我无

---

[1] 见唐代杜甫《醉为马坠,诸公携酒相看》。

拘无束在齐赵大地游荡,快马轻裘,好不潇洒酣畅。春天里,高歌在丛台之上,冬天里,打猎于青丘之旁。在皂枥林中呼唤老鹰,逐兽行猎于云雪高冈。策马疾驰,举臂之间射落那高飞的鹙鸧[1]。我和我的"玩伴"跨在马背上欣喜若狂,好朋友就像西晋的山简,我就像他的爱将葛强。

这一番回忆下来,是不是"诗酒趁年华"的既视感?回忆,有时带有美颜的修饰功能,陪着自己把从前的路,在心理重新走一遍,很多东西往往超越了时间。

如果大家问,杜甫哪一时期回忆"附体"?我要告诉大家,杜甫在夔州的日子,这是他平生被回忆填满的一段日子。

为啥呢?

一个显性的原因,杜甫这个时候,老了。俗话说,青年爱梦想,老人爱回忆。说到这儿,可能有人不同意了,今天的青年人不都成了"淡人"吗?社交关系、生活方式、恋爱心态、说话口吻,全都淡淡的,通身散发一种"老僧入定的淡泊感"。其实,假如一个触动他们"小宇宙"的那个点,灵光乍现,这些年轻人立刻会带着梦想上路,山无拦,海无遮。

---

[1] 见唐代杜甫《壮游》。鹙鸧,读作 qiū cāng。

老人就不一样了。回忆是恢复过去经验的过程，从心理学角度来讲，这是一种"回归心理"，这种回归，当然独属于老人。迟暮老朽，意兴阑珊，仿佛只有在回忆中，才能对抗日益不堪的流年。

虽然杜甫经常提到自己"白头"这样的字眼，不过，我们阅读杜甫的夔州诗，会发现杜甫提到"老"的频次越来越高。

给大家举个例子。杜甫来到夔州第二年春天，杜甫给两个儿子写了一首五律：

> 消渴游江汉，羁栖尚甲兵。
> 几年逢熟食，万里逼清明。
> 松柏邛山路，风花白帝城。
> 汝曹催我老，回首泪纵横。[1]

这首诗，清人金圣叹有个建议，他说要等到过了不惑之年再读，恐怕四十岁之前看不懂。其实，这首诗真的对读者太友好了，一个典故都没有。

"消渴游江汉，羁栖尚甲兵"，杜甫和两个儿子说，

---

[1] 见唐代杜甫《熟食日示宗文宗武》，大历二年夔州作。

自己强拖病体，漂泊江汉，流落他乡怎么样呢？战乱还是没有彻底平息。老杜有心回家，然而交通受阻，回家之路，路漫漫其修远。

"几年逢熟食，万里逼清明。"这个"熟食"咋回事？可不是鸡翅、鸭脖、猪耳朵、酱牛肉。这里指的是寒食节。我们对寒食节已经陌生化了，它早已淡出了我们的生活。因为寒食节不能生火做饭，所以，寒食节就有了和"寒食"完全相反的名儿，叫"熟食日"。

紧挨着寒食节就是清明节。杜甫和儿子说，我们已在他乡过了几个寒食节啊？身在万里之外，清明节再一次越来越近。每逢寒食，每逢清明，老杜都想回家，现在，又逢寒食，又逢清明，诗人的思归之情已经无法遏制。

"松柏邙山路，风花白帝城。"清明节是个"人情味儿"很浓的节日，是个"文化味儿"很浓的节日。杜甫多想回到老家的邙山，到祖先的坟茔跪拜，去扫扫墓啊祭祭祖啊。他依稀记得松柏掩映的那条山路，可是，邙山不能往，故乡不可见，眼下的白帝城，又是春风拂面，春花满眼。

"汝曹催我老，回首泪纵横。"杜甫看着两个孩子长大了，自己老了，不知有限的光阴里，自己还有没有机会回去。杜甫把悲伤写进诗里，可是早已老泪纵横。

"汝曹催我老，回首泪纵横。"我们看到一个慈爱的克制的老父亲，也看到一个在时光里流浪的老人。

就在寒食节同一天，杜甫在诗中第二次提到自己"老"了："令节成吾老，他时见汝心。"[1]诗人上思先墓，下望儿郎，感觉自己真的老了，以后邙山祭祖的事儿，只有靠宗文、宗武兄弟俩了。

这些诗可以看作是杜甫的亲子诗。这是杜甫同时写给他两个儿子的，老大宗文，老二宗武。我猜，起初宗文的名字，估计杜甫是希望他以文为宗，继承家业，可惜偏偏宗文呢，似乎文学细胞很匮乏。反倒宗武，虽以武为名，却很有文学禀赋。从诗作数量看，相较哥哥而言，弟弟得到的偏爱更多。杜甫单独写给老二宗武的有五六首，单独写给老大宗文的，只有一首，内容还是催他干活儿，与读书、写诗都无关。

"汝曹催我老，回首泪纵横"，"令节成吾老，他时见汝心"，杜甫来到夔州这年，虚岁五十五。那老年杜甫，身居夔府孤城，他的脑海，都泛起了哪些回忆呢？

---

[1] 见唐代杜甫《又示两儿》。

【编者语】

岁月如梭，孩子们飞速成长，曾经的膝下稚子已经能搀扶自己走路；"汝曹催我老，回首泪纵横"，恰逢寒食，抚今追昔，诗人的怀乡忧国之情喷薄而出，可此时杜甫已知天命，步履蹒跚，只能在回忆中捡拾青春之气，在现实中发出声声长叹。回乡祭祖的愿望也只能托付给两个儿子。那么，回首往昔，杜甫在诗中是怎样描绘自己的年少时光？诗中又包含了杜甫怎样的心路历程与家国情怀呢？

02

杜甫的回忆是全方位的，大体包含四个方面：第一，总结自己；第二，追忆友朋；第三，反思国家；第四，缅怀古人。

杜甫是怎么总结自己的呢？《壮游》这是一首长诗，它的价值就在于，杜甫把"杜甫这辈子"一五一十写了出来，我们完全可以把《壮游》，看作一篇诗歌版"杜甫传记"。

杜甫从自己七八岁写起，这让我们清晰地看见，杜甫人生的起跑线是怎样的，然后按照时间轴，详尽地回顾了自己的人生履历。《壮游》为我们描述了杜甫早年的人生轨迹，提供了杜甫早年非常宝贵的第一手资料。

我们对杜甫生平前半场的认识是缺失的。在看动画电影《长安三万里》的时候，我清楚地记得，当杜甫在岐王府刚一出场，瞬间引发影院一片嘘声。因为彼时的杜甫，带着个"小豁牙"，还特别凡尔赛地说，自己虽然会写诗，可是写诗也算不上什么特长。那个乖乖的萌萌的样子，确实颠覆了大家对杜甫的固有认知。原生家庭是一个人出发的地方，谁知道杜甫，原来是这样的杜甫啊。他曾是出身名门的"公子哥"，他曾是天才儿童，他曾是惨绿少年，我们只知道，杜甫是被乱世的大锤，重重击垮的"老杜"，一个踽踽独行的诗人，在灾难的大地上风尘仆仆。

如果让我把杜甫这辈子，用三句话，写成三段论，我想，应该是：汲汲于仕途、惶惶于战祸、飘飘于江湖。依据是什么呢？依据就是杜甫在夔州时期，写的几首"自传诗"。

接下来的问题是，杜甫给自己写回忆录，表面看来稀松平常。于是就有人质疑了，说杜甫此时不过是一个絮絮叨叨的老头儿，在夔州那个大山里，反反复复说着自己遥远的从前，这样的诗，是很不讨喜的，就像今天的孩子，不愿听爷爷奶奶提起那些"陈芝麻烂谷子"的事儿。那杜甫以诗立传，尤其是给自己立传，意义在哪呢？

杜甫在诗里，把时间的长度逆向拉长，就像放电影一样去倒带，诗人让自己"回头看"，我们却从中看到了两条路：第一条是诗人走过的道路，第二条是诗人走过的"心路"。

少年杜甫，伴随的是威加海内的大唐盛世。此时，江山如画，二十几岁的杜甫，心潮为之汹涌，为之澎湃，甚至有点傲视群雄。可是安史乱起，他的人生被紧紧地捆缚在时代的框架里，中年杜甫目睹山河变色，百姓残喘。晚年杜甫，四方辗转，望断归乡路。诗人对兵燹、对民瘼、对苦难，有了真切又深切的体验，他的现实人格与艺术品格也得到完美统一。

我非常喜欢一句话：一棵树，长得超过了它自己。杜甫在人生巨大的落差中，就是长得超过了他自己的人。

说到这儿，我们需要对杜诗蕴含的"诗史"精神，重新作出一些内涵的扩充。如果我们只是认为，杜甫的诗歌反映了重大历史事件，弥补了史书之阙，这是远远不够的，某种程度会使"诗史"的光芒暗淡几分，会使"诗史"的纵深性、广阔性受到压缩。

比方说，有些杜诗，通过总结重要人物的生平事迹、精神风貌，折射了时代的社会心理；再比方说，有些杜诗，书写了某个人的个体生命史。

任何微观个体只有在宏观背景下才能获得意义,杜甫用带有质感的文字,去寻找从前的自己,去雕刻从前的旧时光。我觉得,杜甫的自传诗,不单单是个人的浮沉荣辱,背后是国家的盛衰兴亡,还有杜甫在精神层面的上下求索。这是杜甫自传诗的超凡之处,同样具有"诗史"的气质。

【编者语】

安史之乱的爆发,使得昔日繁花似锦的大唐,哀鸿遍野,民不聊生。在见证了由盛转衰的大唐后,已是风烛残年的诗人,通过《壮游》回溯了自己一生的时光,"致君尧舜上"的理想终是黄粱一梦。诗人创作出《八哀诗》,来"叹旧怀贤",尽忠职守,敢于谏言的张九龄,最终也是黯然收场。

在杜甫的回忆录里,我们看到了一个小人得志、奸人得势的时代。杜甫以诗家之笔,追忆八位贤士的气节风骨,以现实主义的手法,对历史进行艺术概括。那么这组如同悲剧唱本的《八哀诗》,如何担当起"诗史"两个字的重量?在《八哀诗》之外,杜甫又通过诗句描绘了怎样的大唐?

03

杜甫在回忆里，不仅用诗为自己立传，也为他人立传。这便是《八哀诗》。

《八哀诗》，是一组组诗。这八首诗，主要追忆的是八位"大人物"，当然还捎带着写了"小人物"。这八个人有啥特点呢？他们与杜甫，同时或者稍早，杜甫与他们，或仅闻名，或曾谋面，或为至交，但这些人有个共性，他们都是大唐帝国由盛转衰的亲历者、见证者、参与者。他们分别是：王思礼、李光弼、严武、李琎、李邕、苏源明、郑虔、张九龄。[1]

大家看，这八个人组成的小圈子，前三位王思礼、李光弼、严武都是大唐良将，李琎是皇族当中最称贤德之人，李邕是誉满天下的名士，苏源明是贫士善学的典型，又是威武不屈的义士。郑虔是书画名家，张九龄为开元贤相。

杜甫为啥取名叫《八哀诗》呢？一言以蔽之，这八个人的人生结局，都是以悲剧剧终。在这八个人当中，咱们只说一个。说说张九龄。大家看，张九龄作为大唐宰相，杜甫却把他排在了最后，这里有没有诗人独特的心思呢？

---

[1] 见唐代杜甫《八哀诗》。

说张九龄，大家是很熟悉的。《唐诗三百首》的开篇，打头的就是张九龄的诗。每到中秋节，霸屏的一定也是张九龄的金句："海上生明月，天涯共此时。"[1] 张九龄生于官宦世家，少有才名，西汉留侯张良之后，西晋张华十四世孙。张九龄首次参加科考，就在"龙虎榜"上占据一个席位，实力出圈，这在当时录取率极低的科举时代实属罕见。后来，张九龄逢考必胜，堪称大唐"学神"。

杜甫在《八哀诗》里，给出的好评是这样的："诗罢地有余，篇终语清省。"[2] 地有余，指的是力厚；语清省，指的是词爽，杜甫极力称颂张九龄的诗文不俗。当然，我们谁都不能把张九龄单纯当作一个诗人看待，张九龄的文学家身份，这是他的次要身份，政治家身份才是他的首要身份。张九龄乃有唐一代顶端"智库"的核心人员，被看作是开元时期整个政府的中枢神经，在唐玄宗的宰相班子里，张九龄乃屈指可数的名相之一、贤相之一。

那张九龄的本质特征是什么呢？杜甫用了非常精警的比喻，作出形象的揭示。一方面，他是地下的金璞；一方面，他又是天上的仙鹤。什么意思呢？金在矿里，玉蕴璞中，不经人发现的话，显不出它们的光华。或者开采琢磨，使

---

[1] 见唐代张九龄《望月怀远》。
[2] 见唐代杜甫《八哀诗·故右仆射相国张公九龄》。

之成为精金美玉；或者被永远地长埋地下，不管怎样，操之在人。仙鹤呢？仙鹤虽然下到人间，但它爱惜自己洁白的羽毛。杜甫这里是在称颂张九龄的品格不凡，资质超群。

那杜甫"哀"张九龄，到底"哀"在何处呢？"碣石岁峥嵘，天池日黾黾。"[1]这两句，不仅是这一首诗的诗眼，也是这一组诗的诗眼。碣石峥嵘，指的是安禄山日益嚣张。天池蛙黾，指的是李林甫恣意谗言。"碣石岁峥嵘"比喻安禄山的野心一年比一年增长；"天池日蛙黾"比喻李林甫、杨国忠之流，居中用事，混淆视听。两重因素相加的结果就是：君子道消，小人道长，中原板荡，国不成国。

所有这些，主因就在于"明皇不明"。

张九龄的核心竞争力，就是知人善任，耿直不阿，同时他还有一个特长项，洞察力贼强。他早早识破安禄山的庐山真面目，安禄山这个家伙，此人不杀，天下必乱。可是谁敢说安禄山有"反骨"，唐玄宗"秒怒"，《资治通鉴》记载，唐玄宗回怼一句：枉害忠良。"碣石岁峥嵘，天池日蛙黾"。风平浪静的假象之下，一场惊天巨变蓄势待发。天子心中的"模范"大臣，正在蠢蠢欲动变作头号元凶。张九龄去世不久，曾被断言"必反"的安禄山，果然反了。

---

[1] 蛙黾，读作 wā měng。《尔雅》：黾，形似青蛙而腹大，其鸣甚壮。

唐玄宗奔蜀出逃,后来追思张九龄,哭了一鼻子,痛悔不已。

由此可见,杜甫的《八哀诗》,以张九龄居末,诗人的用心是不是大有深意?这是一个非常有魄力的艺术构思。张九龄是一个符号,他的退场,成为大唐由盛转衰的一个标志。张九龄发现了祸乱的苗头,原本有机会把那场叛乱的火种直接掐灭,这是杜甫对安史之乱痛定思痛的深刻复盘。

杜甫的回忆,就是一面镜子,安史之乱的影响是不可逆的,要问人口锐减到什么程度?依据《资治通鉴》的记载,大乱爆发前夕,户部上报的全国人口为5200多万[1],大乱结束,全国人口只剩下1690万。

从《八哀诗》所哀人物来看,杜甫兼顾了自唐玄宗到唐肃宗到唐代宗的代表性人物。借此八人,含有总结大唐历史教训的意义。杜甫《八哀诗》,最后一篇哀张九龄,可谓声嘶力竭,泪尽而继之以血。

当然,"八哀"以"哀"名题,也融入了杜甫自身的身世之感,[2]杜甫所哀的八个人,每一个起点都很高,终点都很惨,就连这些人都不能尽用于时,在对八公的哀挽中,隐然有杜甫潜意识的自我疗愈。

---

[1] 754年,52880488人。
[2] "哀八公,非独哀其亡逝,大半皆有其不能尽用于时之戚。"

《八哀诗》在杜诗当中,是有特殊地位的,特殊在哪呢?研究杜诗的大学者王嗣奭甚至认为,"诗史"的美称,由于有了《八哀诗》,才不是浪得虚名。《八哀诗》尽管不是宏大的历史叙事,但同样担得起"诗史"两个字的重量。

这让我想到中国"历史之父"司马迁。司马迁与杜甫遥隔异代,其笔墨之所出,一为文,一为诗,似乎迥然有别。司马迁的《史记》以写人物为中心,所谓"纪传体",杜甫呢,他在诗中论人、论事,谈世道人心,说兴亡成败,确有学习、借鉴和恢弘司马迁笔法的地方,这种笔法,集中体现为"实录精神",也就是不为尊者讳,不为上者讳,"其文直,其事核,不虚美,不隐恶"。[1] 从杜甫的《八哀诗》进入,我们可以抵达大唐历史的深处。

那杜甫除了总结自己,追忆友朋,他是怎么反思国家的呢?

04

《八哀诗》之外,杜甫还有另外八首诗。这八首诗,一首诗写了一件事,合起来构成一个整体。杜甫通过追忆

---

[1] 见东汉班固《汉书·司马迁传赞》。

长安往事，将批判矛头对准最高统治者，体现出诗人对国家命运的痛切反思。

这八首诗呢，只选一首，说说《斗鸡》诗。杜甫为什么要写斗鸡的题材呢？

听起来斗鸡挺好玩的，斗斗鸡取取乐，不过一个你输我赢的小游戏罢了。事实不是那么简单。到了唐朝，随着一代盛世的到来，斗鸡之风同步达到了鼎盛。从宫廷到民间，斗鸡的火热势头，一浪高过一浪。好几任皇帝都是"斗鸡迷"，在喜好斗鸡的皇帝队伍里，唐玄宗的表现，最为耀眼。实事求是地讲，他是有史以来段位最高的"斗鸡玩家"。

唐玄宗早年多厉害呀？可惜的是，高开低走。作为和开元盛世一同奔跑的人，杜甫既亲历了玄宗早年的励精图治，也目睹了玄宗晚年的纸醉金迷。杜甫感慨地回忆说："斗鸡初赐锦，舞马既登床"。唐玄宗对斗鸡舞马超级热衷，宫中一边是激烈的斗鸡节目，一边又有优雅的舞马表演。

当时皇帝斗鸡，可是下足了功夫。唐玄宗在两宫之间专门设立鸡坊，什么叫鸡坊呢？鸡坊就是"皇家养鸡场"，鸡场规模不小，共计一千多只，关键是那些大公鸡，都是特意从长安城"选美"晋级的，只只都那么英俊漂亮。大唐那些王孙公子、达官贵人们，都觉得斗鸡有新鲜度，有刺激感，于是，斗鸡稳居各大娱乐项目的第一选项。在大明宫的斗鸡台内，人头攒动，呐喊声、助威声此起彼伏。

表面看来，斗鸡只是鸡在斗，其实需要掌握"斗鸡术"的人。那些斗鸡高手，善于调动鸡的争斗意识，培训那些"参赛者"，誓死相搏，一斗到底。由于斗鸡成为时尚，甚至有人以斗鸡为生，以斗鸡为业，不但可以赚来银两，碰巧撞上一个大运，还能捞个一官半职。有文献爆料，一个名叫贾昌的小孩，不但会玩，且懂鸟语，人送绰号"神鸡童"。后来，皇帝将他召进宫中，命他担任五百驯鸡少年的首领。一时间成为御前红人，不止薪水不薄，金帛赏赐也多得是。[1] "斗鸡初赐锦，舞马既登床[2]"。这里隐藏一个巨大的讽刺是，有多少贫寒的读书人，焚膏油以继晷，恒兀兀以穷年，皓首穷经，连考不中，不要说高官厚禄，连半只脚都踏不进皇宫的大门。

唐玄宗还让人训练舞马上百匹，令大型乐队演奏，这些马和着旋律，翩翩起舞。[3] 那些斗鸡者，舞马者，都受到至高无上的礼遇。大家想，无论斗鸡还是舞马，那得当做宠物中的"极品"去饲养，那么多马，那么多鸡，得多

---

[1] 见陈鸿祖《东城父老传》，《东城老父传》又名《贾昌传》，收入《太平广记》485卷。
[2] 登床，谓受到礼遇。
[3] 见《明皇杂录》。

少吃的喂的？杜甫诗中说："国马竭粟豆，官鸡输稻粱。"[1]宫廷为跳舞的"国马"，耗尽了豆囤谷仓，又为善斗的"官鸡"，浪费了百姓无尽的稻米谷粱。

那斗鸡这场举国狂欢的"大戏"，最终是怎么落幕的呢？

"仙游终一闷，女乐久无香。"[2]神仙般的生活戛然而止，是安史之乱给这场大型活动，强势画上了句号。乐极悲来，玄宗蜀地避难，贵妃被赐死，那些歌女们也都分流云散。

"国马竭粟豆，官鸡输稻粱"，"仙游终一闷，女乐久无香"。由此可见，杜甫把唐王朝作为一个基本盘，以他的笔为手术刀，取下这个时代的种种切片，像做病理研究一样，放到显微镜下层层剖析。俗话说，针尖大的窟窿能漏过斗大的风。大唐由至盛到至衰，好比倒栽葱一样的跌落，在后来的"大雪崩"到来之前，已经出现过无数次"小雪崩"的预演。反思祸因，战乱的爆发绝非偶然，而是统治者长期以来骄奢淫逸的必然结果。杜甫诗中的批判深度，不是一般诗人所能达到的。

---

[1] 见唐代杜甫《壮游》。
[2] 见唐代杜甫《斗鸡》。

杜甫这个时候，作为饱经风霜的老人，他带着严肃的历史感，对自己和国家的苦难，做了一次深情梳理，也做了一次全面思考。同时，杜甫把诗和史，这两种异样的文体，加以有机融合，诗主性情，史重事实，诗歌让杜甫进入一个心理时空，历史让诗人进入一个自然时空。在双向空间互动中，杜甫用诗歌给历史以灵动，用历史给诗歌以厚重，诗史辉映，发散千年不泯的灼灼其华。

有人说，"生活不是我们活过的日子，而是我们记住的日子。"在夔州，杜甫把他个人的身世经历以及对社稷兴衰的认识，进行精神上的再三"反刍"，杜甫的回忆虽然千头万绪，却有一个共同指向，那就是对于国家命运的深切关心。因此杜甫的回忆，特别深厚且具有深刻的价值。

从杜甫这辈子来讲，寓居夔州，杜甫在这儿安顿了饥寒的家人，整理了疲惫的身心，又腾出时间来，诗人的笔，就像撒进记忆之海的网，全力打捞陈年旧事。杜甫的孤城杂忆，很多诗作，有如长河激浪，深潭照物，再现一代生灵状貌与历史风云，充溢馨烈香醇又百味杂陈的"味道"。

通观杜甫在夔州时期，那些具有回忆性质的诗作，固然写得不错。不过，当夔州的秋天到了，杜甫更是诗兴大发，老杜一出手，太牛了，斩获整个古代诗歌史上秋季主题创作的"金牌"，那杜甫怎么写的呢？

柒 —— 秋日感怀

夔州时期,
杜诗的风格有了怎样的变化?
杜甫又为何频频
为夔州之秋作诗?

【文前按语】

秋天，五谷丰登，归雁南飞。在中国诗歌史上，有许多诗人曾以秋为题，作下动人诗篇。既有"湖光秋月两相和，潭面无风镜未磨"的赏秋之兴，也有"自古逢秋悲寂寥，我言秋日胜春朝"的豪迈之慨。然而在杜甫的诗中，秋天却无比悲凉。秦州的秋天，杜甫忧虑自己离散的兄弟；成都的秋天，杜甫叹息自己破败的茅屋。那么夔州的秋天，杜甫又因何感怀不已？《秋兴八首》和《登高》这两首诗，在杜诗中又有着怎样的特殊意义？

01

在夔州，杜甫一共过了两个秋天，这两个秋天，实在是不寻常的秋天，堪称诗人两次年度巨献。

公元 766 年秋天，杜甫写下《秋兴八首》，这八首诗，"调极铿锵而能沈实，词极工丽而尤耸拔，格极雄浑而兼蕴藉，词人之能事毕矣，在此体中可称神境"。[1] 什么意思啊？这就是咱们所说的登峰造极，"封神之作"。

公元 767 年秋天，杜甫写下《登高》。这首诗，后人给打个满分，最经典的评语是："此当为古今七言律第一，不必为唐人七言律第一也。"[2]《登高》不光打败了唐人，而且打败了所有写七律的人，换句话说，"登高"不止登上了一个高台，也登上了后世最高领奖台，"七律之冠"。

《秋兴八首》这个题目啥意思呢？杜甫在夔州，因为秋天而感发诗兴，故曰"秋兴"，这是一组诗，一共八首，所以诗人把它起个名，叫《秋兴八首》。

这八首诗在意脉上，是不可分割的，就像一个大型抒情乐曲的八个乐章。不过结构上是可以分割的，八首诗，可以分成"三+五"。为啥不分成"四+四"呢？因为第

---

[1] 见明代李沂《唐诗援》：王阮亭（清王士禛号 ）曰。
[2] 见明代胡应麟《诗薮》内编卷五。

> 杜甫诗意图
> 明末清初·王时敏
> 纸本、设色
> 北京故宫博物院藏

四首是个过渡。

前三首和后五首有啥不同呢？前三首详写夔州，略写长安；后五首反过来，详写长安，略写夔州；前三首由夔州而思及长安，后五首反过来，由思长安而归到夔州；前三首由现实引发回忆，后五首反过来，由回忆再回到现实。大家听出点眉目了吧？循环往复，是《秋兴八首》最明显一个的抒情特色。

那八首诗，总得有一个大主题啊？我的总结是：杜甫主要写的是"秋天的怀念"，也就是身居夔州，心系长安。说句大实话，《秋兴八首》这组诗，不是那么好懂的。也就是说，要读懂这组诗，它的门槛有点高，叶嘉莹先生专门给这八首诗作注，注解多达 40 万字，这在诗歌史上绝对是空前的。

那杜甫怀念长安，他都怀念哪些人哪些事儿呢？我们能不能删繁就简，把八首诗最核心的东西提取出来？我的方法是，从空间角度，从第五首开始，把四个地理坐标抓住。

坐标一：蓬莱宫。

蓬莱宫是哪啊？就是长安的大明宫，这是天子所居的地方。蓬莱宫坐北向南，西望瑶池，东来紫气。要问这座宫殿有多么奢华？只要在你的大脑内存搜到的好词好句，全堆在蓬莱宫身上，保准不夸张。杜甫为啥要回忆蓬莱宫呢？因为蓬莱宫，有一部诗人的"光荣史"。

第一件光荣的事，发生在唐玄宗时期，杜甫曾在蓬莱宫献上三大礼赋，因为献赋，得以面见皇帝，皇帝哪能说见就见，仪式感满满的。按照古代礼法，天子出来之前，侍卫们要手持羽毛扇，把皇帝遮起来。臣子在下等候，等到扇子往后一撤，天子已经坐好了。"云移雉尾开宫扇，日绕龙鳞识圣颜"。美丽的宫扇像彩云一样打开，看见皇帝衮袍上的龙纹，闪着夺目的光彩。这次献赋，直接将老杜的声望拉满，一日之间，他的大名冲上"长安热搜榜"的榜首。

第二件光荣的事，发生在唐肃宗时期，杜甫当过左拾遗，参加过庄严肃穆的早朝。杜甫当年也位列朝班，青琐门下意气风发，可是现在呢？"一卧沧江惊岁晚，几回青琐点朝班"。如今卧病夔州，岁晚秋深，生命快到尽头，离长安那么遥远。"一卧沧江惊岁晚"，这个"惊"字，真是意味深长。人生的匆急之感，最容易在秋季被激发出来。

坐标二：曲江头。

前文讲过杜甫的"曲江情结"。夔州的瞿塘峡，长安的曲江头，中间可是万里之遥："瞿塘峡口曲江头，万里风烟接素秋"。虽然地隔万里，然而风烟相接。杜甫怀念曲江什么呢？曲江是个好玩的地方啊，就连唐玄宗也经常御驾曲江，天子从兴庆宫出来，从花萼楼经过，直至芙蓉园。行宫别院珠帘绣柱，江上舟楫往来不息。可是呢，纵使有诗有酒，有风有月，所有的歌舞升平，骤然之间，全被安禄山的铁蹄踏得粉碎。"回首可怜歌舞地，秦中自古帝王州"。一场大乱把一个鼎盛王朝推向万丈深渊。大家知道吗？短短几十年，长安遭到两次沦陷。

坐标三：昆明池

昆明池，这是长安一个大水池，也是古代中国第一大人工湖。这个昆明池并不是唐朝开凿的，它始建于汉武帝元狩三年，这项水利工程，最初目的是为征伐昆明国而作的水师训练基地，是用来练习水战的。杜甫不是怀念长安吗，怎么跑偏了，跑到汉朝了呢？唐朝诗人"以汉喻唐"，已经成为一个集体公约。

汉武帝在这儿是个"替身演员"，真正的大戏主角还是唐玄宗。唐玄宗攻打南诏，也曾在昆明池演习水兵。"昆明池水汉时功，武帝旌旗在眼中"。可是昆明池那么远，从夔州北望，看见的只有崇山峻岭，关塞摩天，杜甫觉得自己，此时就像漂泊江湖的一介渔翁，身无彩凤双飞翼，回不去，"关塞极天惟鸟道，江湖满地一渔翁"。

以上杜甫怀念长安，怀念蓬莱宫、怀念曲江池、怀念昆明湖,难道杜甫只怀念这三个地方吗?

02

只要杜甫想到长安,他的情感就变得一发不可收拾。到了《秋兴八首》最后第八首诗,杜甫的感情开始进入"咆哮模式",倾泻而出,一下子涌出来四个地名。

坐标四:渼陂湖[1]。

唐代那会儿,渼陂是一个相当大的湖,也是著名的游览胜地。去渼陂要怎么走呢?"昆吾御宿自逶迤,紫阁峰阴入渼陂"。往渼陂去,必须经过昆吾亭、御宿川、紫阁峰。

杜甫对渼陂咋这么熟悉呢?杜甫记录过,他和岑参兄弟一起同游渼陂的事儿。有一回,非常不巧,他们刚到渼陂,不料老天不乐意了,狂风大作,渼陂顿时波涛万顷,天地上下一片暗淡,他们正在担心,这恶风巨浪会不会把小船掀翻,好在疾风骤雨来得快,去得也快,不大一会儿,风平浪静,众多游船升起了锦帆,一时湖上歌声四起,水鸟轻飞,简直如梦如幻。

渼陂湖,可不是男人们的"包场",那里仕女如云,

---

[1] 渼陂湖,读作 měi bēi。

她们游春、赏花、斗草、拾翠。杜甫乘舟游赏,也是相当"拉风",这让他想起汉朝的李膺、郭泰,李膺、郭泰,这两个人都是名士,当年一起同舟,众人望之,以为神仙。杜甫觉得,他和岑参等人,也是妥妥的"神仙伴侣",天都晚了,还是意犹未尽。"佳人拾翠春相问,仙侣同舟晚更移"。

"佳人拾翠春相问",诗里冒出一个"春"字,大家会不会一脑子问号?

杜甫不是"秋天的怀念"吗?他不是在夔州的秋天,怀念长安吗?怎么忽然写到了春天?杜甫的意思是说,他岂止怀念秋天的长安,他也怀念春天的长安。他的怀念不被地区所限,不被季节所限。虽然杜甫主要写了蓬莱宫、曲江池、昆明湖、渼陂湖。实际上,杜甫怀念长安的一切,但是没法全部写尽。

《秋兴八首》具有写实性,同时又超越了写实,所有的形象,象征的是当年的太平岁月。那时的大唐多好啊,寻常巷陌,总有说不尽的繁华,彼时举世无双的时代,被后人叫作"开元盛世"。

《秋兴八首》,全诗不纯是怀旧,但是笼罩着浓重的怀旧气氛。从第五首开始,诗人的思绪集中一个方向——长安。长安的分量一首比一首重。诗中所写,既是往事的若干片段也是完整的历史过程。可以说，杜甫以诗之名，怀念长安；以爱之名，告白长安。

杜甫怀念蓬莱宫，那里有诗人的奋斗，也有朝廷的盛典——"云移雉尾开宫扇，日绕龙鳞识圣颜。一卧沧江惊岁晚，几回青琐点朝班。"

杜甫怀念曲江头，那里有盛世的华彩，也有大唐的衰败——"瞿唐峡口曲江头，万里风烟接素秋"，"回首可怜歌舞地，秦中自古帝王州。"

杜甫怀念昆明池，那里有天子的功业，也有往昔的强悍——"昆明池水汉时功，武帝旌旗在眼中"，"关塞极天惟鸟道，江湖满地一渔翁"。

杜甫怀念渼陂湖，那里有游赏的欢乐，也有春日的盛景——"昆吾御宿自逶迤，紫阁峰阴入渼陂"，"佳人拾翠春相问，仙侣同舟晚更移"。

杜甫为什么苦苦怀念长安呢？对杜甫说来，长安不是个抽象的地理概念，杜甫曾经困守长安，一困十年。长安在诗人心上有着深深的烙印。值此国家残破、秋江清冷、心情落寞之际，杜甫更加怀乡恋阙，慨往伤今，深感自己老来迟暮，深感大唐国运衰颓。

杜甫怀念长安的情感力度，还体现在哪呢？

刚才我们说"三+五"。前三首写了啥？《秋兴八首》

还有个特点，八首诗的顺序不可以改变。第一首从夔州秋天的景物起兴，从白天写到黄昏。第二首从黄昏写到晚上，写到落日西斜，写到北斗星出现，写到月亮在天上移动，刚才照在山石上，照在藤萝上，后来照在了芦荻上。第三首从长夜漫漫写到第二天清晨时分。从这个时间线来看，杜甫从暮写到夜，从夜再写到朝。这说明啥？诗人整整一夜未眠，一直在怀念长安。

我想说，杜甫一辈子的长情都倾注在凝望里，对长安的凝望，这是诗人最真最深的凝望。长安是杜甫放不下的碎碎念念，占据了人生的岁岁年年，感动了后世读者万万千千。

我还想说，杜甫身在夔州，北望京华，杜甫倾其一生的时间努力向长安靠拢。残酷的是，杜甫耗尽余生，始终没能回到长安。

那《秋兴八首》，杜甫是在夔州哪个地方写的呢？

杜甫寓居夔州，除了最开始暂住山腰的"客堂"，还先后在四个地方住过：西阁、赤甲、瀼西、东屯。杜甫写《秋兴八首》的秋天，是杜甫来到夔州的第一个秋天。这个秋天，杜甫住在"西阁"，大约住了半年，杜甫诗的题目，明明白白写着"西阁"的，就有六七首。至于这个"西阁"到底是啥，有人认为，这是一个官方的水上驿站，因为唐朝的水驿设置非常完善，可供东来西往的官员或要人[1]居住，"西阁"上面有走廊和围栏，可以凭眺大江和远方山川景色。[2] 也有人通过实地考察，认为"西阁"是一座环境优美的公共建筑。[3] 总而言之，《秋兴八首》，这是诗人在"西阁"完成的一次重大的诗歌使命。

为啥说是一次重大的诗歌使命？只要提到秋天的组诗，《秋兴八首》一定被首推前列。

杜甫写作《秋兴八首》这一时期，诗歌造诣已经炉火纯青，出神入化。杜甫自己说："晚节渐于诗律细。""诗律细"不仅在于声律的精心安排，也在于变化莫测而不离规矩。我们一再致敬唐诗，咱们都知道，唐诗里头，律诗难度最大，常被比作戴着镣铐跳舞，杜甫堪称"教科书级别的舞者"，不但能摆脱束缚，还跳得舞姿动人。一首律诗，在"技术操作层面"已经足够苛刻，杜甫的《秋兴八首》，竟然用律诗写了一组。可以说，杜诗把汉字的表现功能发挥到淋漓尽致，把汉语言文字的美学魔力实现最大化，相当于确定了"行业标准"。

再来看看清朝人的读后感："《秋兴八首》规模弘远，

---

[1] 要人，指居高位、有权势的显要人物；十分重要的人士。
[2] 见当代作家向以鲜《盛世的侧影》。
[3] 见当代学者简锦松《杜甫诗与现地学》。

【编者语】

　　提笔时，遥望悲秋之景；落笔时，诉尽毕生血泪。《秋兴八首》引经据典，连章而下，一气贯注。它代表了杜甫的艺术成就，也是后人评价的焦点。

　　转眼间，寒暑交替，夔州之秋再度到来。触景伤情，杜甫写下了另一首巅峰之作《登高》。那么，这首诗渗透着杜甫怎样的情感？它为何被誉为"七律之冠"呢？

气骨苍丽，脉络贯通，精神凝聚。痛真是痛，痒真是痒，笑真是笑，哭真是哭，无一假借，不可动摇。论才情，真正是才情。论手笔，真正是手笔。七字之内，八句之中，现出如是奇观大观，真使唐代人空，千秋罢唱。"[1]

03

　　杜甫来到夔州第二个秋天，公元767年重阳节这天，杜甫带着一身病痛，登上白帝城外一个高台。要说这次登

---

[1] 见明代徐增《说唐诗》卷十七。

杜甫诗意图
明末清初·王时敏
纸本、设色
北京故宫博物院藏

高，实在是有史以来最了不起的一次登高。因为杜甫交出一首七律，这首七律是来夺魁的。

《登高》这首诗的热度，并没有止步在哪个朝代，一直没有降温。就在前几年，有部大火的电视剧《庆余年》，里面男一号范闲，是个深藏绝世神功有着神秘身世的俊秀少年。他从现代穿越到古代，在王府举办的诗会上吟出一首大作，选的就是杜甫的《登高》。众人以为出自范闲之手，当场把大家惊倒了。

> 风急天高猿啸哀，渚清沙白鸟飞回。
> 无边落木萧萧下，不尽长江滚滚来。
> 万里悲秋常作客，百年多病独登台。
> 艰难苦恨繁霜鬓，潦倒新停浊酒杯。

这首诗，大家非常熟，我们在这儿，不作那种公式化的逐字赏析。关于它的妙处，差不多每个字都被后人咂摸过了。这首诗被说成"一篇之内，句句皆奇，一句之内，字字皆奇"；尤其第三联，"万里悲秋常作客,百年多病独登台"。宋代罗大经指出，这两句十四字，含有"八悲"。[1] 大概意

---
[1] 见宋代罗大经《鹤林玉露》："盖万里，地之远也。秋，时之惨凄也。作客，羁旅也。常作客，久旅也。百年，齿暮也。多病，衰疾也。台，高迥处也。独登台，无亲朋也。十四字之间含八意，而对偶又精确。"

思是说，离家万里，此为一悲；逢秋寂寥，此为二悲；客居他乡，此为三悲；常年羁旅，此为四悲；日暮晚景，此为五悲；疾病缠身，此为六悲；台高远眺，此为七悲；孤独一人，此为八悲。这八种"悲"，总结得不错，从这首诗的局部，发现了这联类似"套娃"的一个内在情理结构，发现了诗人情感密度之大，杜甫简直集世间的悲伤于一身。

不过，这首诗收获的也不全是鲜花与掌声，比如沈德潜说这首诗"结句意尽语竭。"[1] 意思是，律诗讲究起承转合嘛，到了"合"这一步，老杜"合"得有些瑕疵，尾联有点像凑数的，诗人好像没啥写了，硬是安上一个尾巴。说来奇怪，"艰难苦恨繁霜鬓，潦倒新停浊酒杯"，这个"意尽语竭"的批评，恰恰是《登高》反馈给我的最大的共情点。为啥呢？

咱们来盘一盘杜甫到底都有哪些病。夔州期间，杜诗出现"老病""衰病"的描述不下几十处。加在一起，就是杜甫给咱们展示的一份"病历"大全。

诗人至少患有以下多种器质性疾病：

最难熬的病——消渴病，最折磨人的病——肺病，类似风湿、痛风类的病——风痹，最有隐患的类似中风的病——

---

[1] 见《杜诗偶评》卷四。

风疾；还有不时发作的虫媒传染性疾病——疟疾，还有非常危险的综合性疾病——各种并发症。外加各种老年退行性疾病，耳聋、眼花、行走不便，等等。

消渴症就是现代医学所说的糖尿病，它是一种由胰岛素分泌或利用障碍导致的代谢疾病，这病搁到现在都不好根治，一千多年前更不用说了。几乎"一旦患病，终身携带"。糖尿病临床表现就是口渴多饮，杜甫经常夜半口渴，甚至他说"闭目逾十旬，大江不止渴。"[1] 而且浑身乏力、视力下降、日渐消瘦，有了糖尿病并发症的迹象。

杜甫早年就有肺病，这个病，杜甫走到哪他跟到哪，一路跟着杜甫来到夔州。杜甫夔州诗里，多次提到肺病。肺病严重到什么程度？睡觉不能平躺，只能把头高高垫起来，否则呼吸不畅，上不来气，服药也很难缓解。[2]

疟疾，这是一种周期性发作的疾病，把老杜害惨了，发作时畏寒、高烧、大汗淋漓，这回挺过去，说不准啥时候，不请自来，循环发作，超恐怖。杜甫多次描述自己疟疾发病的痛苦情形。

再说了，夔州这块儿，这是少数民族杂居之地，医疗水平极为落后。俗话说，"久病出良医"，杜甫对药材、

---

[1] 见唐代杜甫《七月三日呈元曹长》。
[2] 见唐代杜甫《秋峡》。

药性颇有研究,他开了一块地,专门种植药材,他的朋友[1]还给他寄过柴胡,杜甫还亲自上过山、采过药,他也让童仆去摘苍耳,苍耳,全草可入药,平原丘陵、低山荒野、草地村旁,哪都有,用于治疗头风齿痛、湿痹拘挛、疔疮毒肿,等等。[2]

流居夔州期间,杜甫在诗中的形象就是"老病"的形象。杜甫不仅诸病缠身,而且病情有加剧之势。诗人的身体已经极度虚弱,而且牙都掉差不多了,视力模糊,耳朵失聪,就连北风吹,他都要去问问儿子,啥时候刮的北风,怎么没听见啊。[3]

我想强调的是,杜甫就是带着这样一种被世界抛弃的凄凉感,登上了高处。所谓登高,无论登上高山、高台、高楼,登高像个放大镜,它会放大原有的情绪,正所谓"天高地迥,觉宇宙之无穷;兴尽悲来,识盈虚之有数"[4]。

《登高》不也是这样吗?"无边"的空间中有"萧萧下","不尽"的时间中有"滚滚来",前面有了宇宙的宏伟,接着就有了个体的悲怆,两相叠加,这是短暂的人生面对永恒的自然之悲,这是有限的个体面对无限的宇宙之悲。

---

[1] 指韦有夏。"省郎忧病士,书信有柴胡。饮子频通汗,怀君想报珠。"
[2] 见唐代杜甫《驱竖子摘苍耳》。
[3] 见唐代杜甫《复阴》。"君不见夔子之国杜陵翁,牙齿半落左耳聋"。
[4] 见唐代王勃《滕王阁序》。

【编者语】

　　研读杜甫生平之作，便要推敲杜甫晚年之诗。晚年的杜诗中，当属夔州时期最为璀璨。在黄庭坚看来，此时杜诗合乎文法，甚至无需删改。在夔州的诗中，悲秋之作最为精彩。那么，夔州之秋有着怎样的象征？我们应从哪些维度理解此时的杜甫之悲呢？

　　但是，这并不是《登高》这首诗的全部秘密。

　　杜甫的悲秋有他的特殊性。此时的杜甫，面对的是即将枯萎的生命，心情徘徊在崩溃的边缘。在肃杀的秋日，伤感到难以自拔。诗的最后，小痛苦回到了大境界："潦倒新停浊酒杯"的"潦倒"，不是贫困潦倒，不是贫病潦倒，而是平生远志不能实现的失意潦倒。悲秋而悲己，悲己而悲国，杜甫把它的悲秋，放在历史的运动之中，就成了一种"社会性的悲痛"。

　　且不论借酒消愁能不能消愁，此时连酒都喝不得，只能吞下所有的苦难。面对着无边无际的凄凉，在生命随时就会结束的情况下，诗人似乎用尽最后的气力，发出最后的浩叹，浩叹似乎等同哽咽，怎能不"意尽语竭"！杜甫欲登高遣悲，却又触景生悲，想要戒酒消悲，怎奈再增新悲。处处皆悲，这是老杜特有的"悲秋"强度，悲景起，悲情落，到最后，只能"意尽语竭"。

大家想想看，杜甫年轻那会儿，他说一定要登到泰山的最高点，他要看到这个世界在自己的脚下变小。那是诗人精神最为昂扬的时刻。从《望岳》到《登高》，我们似乎看到杜甫一生理想的幻灭。

最后一个问题，杜甫在夔州，是不是秋天只写了《秋兴八首》和《登高》呢？

04

据统计，杜甫的夔州诗共四百多首，差不多一天一篇的频次，作于秋季就有二百多首，超过了半数。杜甫夔州诗里萧瑟的秋景，与草堂诗里烂漫的春意形成了鲜明的对比。这里的原因是啥呢？

我想，主要原因有以下四个方面。

第一，文学传统。悲秋，这是中国文学的母题之一，所谓春女善怀，秋士易感。自古文人多悲秋，霜风渐冷，容易使人想到人生迟暮，功业难成。我们说，传统的力量真的太强大了，很多诗人都活在"二手"的经验里。当"登高"遇见"秋天"，自然成了生命中无法承受的痛。

宋玉乃悲秋之祖。杜甫经常写到宋玉，这相当于杜甫的自我角色认同。以宋玉作比，不仅因其秋的敏感和宋玉相通，还因为夔州，已入古楚国的地界，这里有宋玉的故宅。所以，杜甫在夔州，有很多悲秋之作。

第二，地理环境。夔州濒临长江，是典型的亚热带气候，秋季是一年当中最适宜的季节。所以，杜甫秋天的诗兴比较高，可以说，杜甫一生的积淀，在夔州喷薄而发，情感丰沛而又气象万千。夔州的山川风貌，与杜甫苍凉激荡的情绪，两相碰撞，产生极大的创作张力。

比方说，刚才的"无边落木萧萧下，不尽长江滚滚来。"落木，长江，共同奏出三峡秋日最为强劲的交响。

再比方说，"玉露凋伤枫树林，巫山巫峡气萧森。江间波浪兼天涌，塞上风云接地阴。"[1]作品一上来就是夔州特色。尽管秋色秋声扑面惊心，但是别的地方，它不配呀。夔州诗，这是杜诗最后的辉煌。如果没有夔州诗，杜甫仍然是一流诗人；但是有了夔州诗，杜甫便是超一流诗人。

第三，家国情怀。杜甫自公元759年弃官以来，已历

---

[1] 见唐代杜甫《秋兴八首·其一》。

七载，国无宁日，人无定所。此时，杜甫滞留夔州，盛世不返，盛时难在。杜甫的夔州悲秋，不仅悲自然，也是悲人生，悲国家，悲天下苍生，说到底，这是诗人浓烈的家国情。杜甫晚年对国家前途深深的忧虑，深深的失望，无疑加重了诗人的悲秋情绪。

第四，老病心态。秋天，也是一种生命的隐喻。夔州的杜甫，到了人生的暮秋。杜甫夔州时期基本是与外界隔绝的，他哪也没走，他哪也走不了，应酬少了，动笔就多了，加上疾病带来的沧桑感与虚无感，也令杜甫变得愈加敏感。往事前尘，都成了诗人的下笔处。杜甫来夔州之前，好多诗坛同道，都不在了。762年李白卒，763年储光羲卒，764年郑虔、苏源明卒，765年高适、严武卒。他们一个个离世，使杜甫痛切地感到死亡对自己的压迫感。换个角度，也是对于生命的留恋。移居夔州后，杜甫有的诗已经谈到生死[1]。

从杜甫这辈子来讲，一座山城，一段故事，一半诗意，一半苍凉。夔州之秋，某种程度因为老杜而不朽。写完《登高》呢，杜甫一家在夔州过个团圆年，转过年(768年)春天，天降喜讯，杜甫收到一个特大的好消息。

---

[1] 见唐代杜甫《客堂》："死为殊方鬼，头白免短促"。

捌 江汉萍踪

杜甫为何决意离开安定的夔州远下江陵?
徙居汉江的旅途又让杜甫留下了怎样的人生喟叹?

【文前按语】

公元768年,"安史之乱"燃起的余烬尚未完全消散,家国与山河依然破碎,诗人的身世还在飘零。一封来自弟弟杜观的家书,让久已客居蜀地的杜甫,重燃起对于"家"的渴望。面对这份"江陵之约"的催促,他决定结束在夔州的安定,乘舟发白帝,出巫峡,过瞿塘,下江陵。

此次启程,也开启了他成都之后人生之中的第二次大迁徙。在途中,既有新识雪中送炭的热情款待,却也备尝旧交的疏离冷落。

由川入鄂,江汉的沧浪之水能否为杜甫洗刷羁旅的困顿,成为他"此心安处"的归宿呢?"舟楫眇然自此去,江湖远适无前期",徙居公安,面对岁月山河,人生已然进入倒计时的杜甫,又将书写下怎样的诗篇?

01

"江汉思归客,乾坤一腐儒。"[1]杜甫说,他漂泊在江汉一带,茫茫天地之间,不过一介迂腐的老儒。

诗中的江汉,具体指的是哪呢?指的是江陵、公安一带,因为这里处在长江、汉水之间,所以诗称"江汉"。"江汉"这个地理坐标,给我们释放了一个什么信号?杜甫来到了湖北地界。

杜甫这是从哪里到了湖北呢?咱们来捋一捋。杜甫到了成都之后,他又经历了两次大的迁徙:一次是从成都出发,最后落脚夔州;一次是从夔州再出发,最后落脚两湖,也就是湖北、湖南。

杜甫由川入鄂,主要停留在江陵和公安两地。江陵,就是今天的湖北荆州,公安,就是今天的湖北公安。那杜甫为啥要去江陵呢?

这件事的起因,源自一份"江陵之约"。要说杜甫在夔州的时候,还真有一个亲人没和杜甫失联。这个亲人就是杜甫的弟弟——杜观。有一天,杜甫突然接到一封信,弟弟杜观来的信。惊不惊喜,意不意外!

---

[1] 见唐代杜甫《江汉》。"落日"实际比喻"暮年"。

到了公元767年初夏，弟弟杜观就来到夔州，和哥哥杜甫团聚了。这次夔州相见，兄弟二人达成一个约定，等到杜观返回江陵，杜甫就马上出峡，他也去。"满峡重江水，开帆八月舟。此时同一醉，应在仲宣楼。"[1] 这弟弟前脚刚走，杜甫心怀憧憬，打算八月就启程，并且他还想象，到了江陵之后，兄弟俩在仲宣楼上，开怀畅饮，一醉方休。

自从杜甫和弟弟定下这份"江陵之约"，"江陵"便成了一方乐土，杜甫念念不忘，心向往之。到了公元768年，刚过完春节，杜甫又收到了弟弟的来信，这次更让杜甫兴奋了，弟弟在信中直接开启"催促模式"，杜观说，哥哥你抓紧来呀，我在当阳县[2]给你们一家人住处都安排好了。杜甫一听，急坏了，决定正月中旬就动身。[3]

杜甫的"档期"一排好，就到了和夔州说再见的时候。杜甫给一个姓李的剑州刺史写了一首诗，诗中除了对李剑州一顿点赞，杜甫还告诉他，自己要去江陵了。"戎马相逢更何日，春风回首仲宣楼"。[4] 诗人的意思是说，战乱年月，彼此相见恐怕很难了。我只有到春风拂面的仲宣楼

---

[1] 见唐代杜甫《舍弟观归蓝田迎新妇送示二首·其二》。
[2] 今湖北当阳市。
[3] 见唐代杜甫《续得观书迎就当阳居止正月中旬定出三峡》。
[4] 见唐代杜甫《将赴荆南寄别李剑州》。

上，回忆我们的友情吧。

大家看，杜甫再次提到仲宣楼。要说这个仲宣楼，也算一座名楼。仲宣是谁呢？他是汉末名士王粲的字。说王粲，可能大家不是很熟。因为，汉末，那是武将和谋士最刷存在感的时代。王粲没有万夫不当之勇，也没有三寸不烂之舌。不过，大家别忘了，汉末建安时期出现过著名的"三曹""七子"，在"七子"这个精品文人圈里，王粲占据"七子"的首席。就连才高八斗的曹植都称赞他：文若春华，思若涌泉。发言可咏，下笔成篇。王粲曾到荆州避乱，并且登楼作赋，后人就把王粲登的这座楼，称为"仲宣楼"。

出发比向往更有价值。公元768年二月中旬，杜甫一家收拾妥当之后，就从白帝城放船，出了瞿塘峡，一路东下，去江陵，找弟弟。

我们通常讲，喜怒哀乐是写在脸上的，杜甫的喜怒哀乐是写进诗里的。按说杜甫很长时间就想出峡，这回应该舒口气了，可是诗人愉快不起来。[1]为什么呢？杜甫要走之前，他还忙活了一阵子，把瀼西四十亩果园托赠给好友[2]，又围着果园转了几圈，还拿着锄头除掉一些杂草，想到时隔不

---

[1] 见唐代杜甫《大历三年春，白帝城放船出瞿塘峡，久居夔府，将适江陵，漂泊有诗，凡四十韵》："入舟翻不乐，解缆独长吁。"
[2] 赠给好友南卿兄。

久，果园即将春暖花开，而自己那个时候不知漂向了何处，心中满满的眷恋。毕竟，夔府孤城，杜甫生活了一年又九个月。这座小城里，有斜阳巷陌，有鼓角争鸣，更有独属于自己杜鹃啼血般的悲秋。

杜甫更有一种预感，结束在夔州的安定，又将踏上下一段未知的旅程。远方还有多远呢？大家要知道，杜甫这一年，虚岁 57 岁，已是迟暮飘零。所以，杜甫赶赴江陵，百感茫茫。

杜甫从夔州出发，乘船要经过三峡的。咱们都知道，三峡自古"重岩叠嶂，隐天蔽日""常有高猿长啸，属引凄异，空谷传响，哀转久绝"，瞿塘峡、巫峡、西陵峡紧密相连，构成世界上最神奇的峡谷。杜甫的船只驶过瞿塘峡，江水滔滔奔流，行舟如箭。再到巫峡峡口，一座小城出现在长江北岸，这就是巫山县，杜甫一家在这儿停船上岸。杜甫的老朋友为他摆酒饯别，当地一些头面人物也来作陪。杜甫拄杖前来赴宴，大家想，这个时候，老杜还是带病之躯。[1] 离开巫山县，船只再驶出西陵峡，杜甫终于出峡了。

杜甫出峡的第一站是峡州，今天的湖北宜昌，就是今

---

[1] 见唐代杜甫《巫山县汾州唐使君十八弟宴别兼诸公携酒乐相送率题小诗留于屋壁》。

天三峡大坝、葛洲坝等大型水利枢纽工程这个地方，前面不远就是江陵。

那杜甫到了江陵，他又遇见了哪些人，发生了哪些事呢？

02

杜甫的船抵达目的地，到达江陵的时候，天正下着绵绵的春雨。既然弟弟已经在当阳县给杜甫找好了寓所，杜甫就把家人安置在那儿。他自己要干点啥呢？大家想，对杜甫来说，两手空空，两眼漆黑，房无一间，地无一垄，最要紧的事儿，当然是谋求经济支援。

从杜甫的简历来看，杜甫自从辞掉华州司功参军，生活便没了着落，主要依靠地方官员和朋友的接济。比方说，蜀州刺史高适、两川节度使严武、梓州刺史章彝，夔州都督柏茂琳。所以，杜甫来到江陵，必须继续搞"公关"，已取得地方官员的扶持。

如果大家问我，江陵这段日子，杜甫过得怎么样？杜甫过得真不怎么样！

有证据吗？我们要读懂杜甫，杜甫本人的诗作，就是最硬的证据。到了秋天，杜甫在诗中描绘了自己的处境，

【编者语】

作别"戎马相逢"的旧友，托付精心根植的土地，年近六旬的杜甫，拖着带病之躯，对自己生活过一年又九个月的夔府孤城作了最后一次告别，在心中渴盼已久的亲情召唤下，再次踏上了茫茫未知的旅途。

然而，历经一路奔波辗转来到江陵的杜甫，生活不仅没有得到实质上的改善，甚至沦落至摇尾乞怜，仰人鼻息的难堪境况，热情邀约杜甫的弟弟究竟何去何踪？面对经济上的窘迫与困厄，杜甫又能否成功复制此前的生存模式，得到地方官员的扶持呢？

诗中有这样的句子："苦摇求食尾，常曝报恩腮"，[1]杜甫写诗告诉我们，在江陵，他老人家实在太难了，杜甫觉得自己像什么？"求食尾"，本来这是司马迁说给他的好朋友的。[2]司马迁说，猛虎处在深山之中，百兽全都震恐，等到它一旦落入陷阱或者栅栏之内，就威风大减，只能摇着尾巴乞求主人投食，自己被木枷锁住，被绳索捆绑，受

---

[1] 见唐代杜甫《秋日荆南述怀三十韵》。
[2] 见汉代司马迁《报任安书》。

着棍棒和鞭笞,深陷牢狱,在这个时候,看见狱吏就急忙叩头,看见牢卒就吓得恐惧。杜甫说他还像什么呢?"报恩腮",这说的是池鱼报恩的故事,传说汉武帝曾有过放生的善举,救了一条鱼,后来,鱼以明珠相报。[1]"苦摇求食尾,常曝报恩腮",杜甫用这两个典故,表明自己在巨大的生存压力下,困窘至极的可怜之态。

除了这两种动物,杜甫还提到两个人物:"苍茫步兵哭,辗转仲宣哀",这里的"步兵哭",说的是竹林七贤的灵魂人物之一,阮籍,阮籍曾任步兵校尉,故称阮步兵。阮籍是什么人设?史书上说,阮籍容貌瑰杰,志气宏放,傲然独得,任性不羁。博览群籍,尤好《庄》《老》。但是,我们要知道,人逢乱世,本事越大痛苦越大。所以,就有了阮籍的"穷途之哭",他走一路哭一路,再走一路再哭一路,这种无限循环,可不是什么演技炸裂,那是人到绝境的深层绝望。

杜甫再一次提到王粲,不是仲宣楼就是"仲宣哀"。杜甫为什么屡屡想起王粲呢?因为王粲也来过杜甫所在的江陵,就是荆州。王粲之所以把目标锁定在荆州,因为东汉末年,北方军阀厮杀,荆州占据天时地利,在狼烟四起

---

[1] 出自唐代欧阳询主编《艺文类聚》卷九十六引。

的年代，荆州水静无波，成为千金难买的避难所，所以王粲来了，渴望大展身手，乘势而为。结果怎么样呢？王粲在荆州长达十几年，这十几年是被冷冻的十几年，仰人鼻息，青云无路，往不可追，来不可测。直上云霄的鸿鹄之志在现实面前彻底崩塌，光芒四射的理想化作镜花水月。大家想，杜甫江湖辗转，王粲书剑飘零，杜甫之所以想到王粲，实乃同病相怜，引为异代同调。

"苍茫步兵哭，辗转仲宣哀"，明眼人一看都懂，借用金圣叹的话来说，杜甫"借他二人生平，作我一片眼泪"。杜甫到了江陵，就如同阮籍，壮志难酬，怀才不遇；就如同王粲，作客依人，托身无所。大家阅读杜甫的诗就会发现，杜甫经常在诗中把自己比这个、比那个，杜甫一直用诗描绘自我形象和真实人生。杜甫的体验，是乱世文人共有的创伤体验。

杜甫有几时开心过呢？开心似乎总和杜甫绕着走。

到这儿，这里面的问题就变得蹊跷了。不是弟弟邀请哥哥来江陵的吗？弟弟哪去啦？让我们困惑的是，杜甫来到江陵后只有一首诗，提到了弟弟，[1] 此后，杜观在杜甫的江陵诗里再也没有露脸儿。在杜诗当中，我们又看不到

---

[1] 见唐代杜甫《和江陵宋大少府暮春雨后同诸公及舍弟宴书斋》。

杜甫对弟弟有什么不满。不知兄弟间到底发生了什么，还是弟弟家里有了什么变故，线索中断。我们唯一的线索是，杜甫家人留在了当阳弟弟家，杜甫还收到过儿子的来信，信中说，家人在当阳，生活太难了，别说吃啥好的，每顿连菜糊糊都喝不上了。[1] 咱们需要继续求解。

这个时候，江陵这一片谁的权力最大？杜甫和他有没有交集？

03

此时荆南节度使，姓卫名伯玉，卫伯玉。卫伯玉这个人不简单，论仕途，那也算芝麻开花。卫伯玉早年颇有膂力，武艺娴熟。天宝年间，进入安西都护府，屡立边功。后来，大破史思明的部将，再大破史朝义的叛军。再后来，拜江陵尹、御史大夫，充荆南节度使。

如果咱们点开杜甫交往的人物花名册，卫伯玉绝对不是轻飘飘的一位。杜甫和卫伯玉是不是素昧平生呢？二人的交往并不是从零起步，也就是说，并不是杜甫到了江陵才和卫伯玉建立联系。冷手抓热馒头，一定非常棘手。

---
[1] 见唐代杜甫《水宿遣兴奉呈群公》："童稚频书札，盘餐讵糁藜"。

在杜甫去江陵之前[1]，卫伯玉就迎来人生一大高光事件，卫伯玉被加任检校工部尚书，册封阳城郡王。不仅自己封王，他的老母亲也进封邓国夫人。杜甫听说了，寄诗一首，祝贺卫母加封，颂扬老人家才如班昭，德如孟母，同时赞颂卫伯玉忠孝两全。[2]

无疑，这为杜甫移居江陵，有望得到卫伯玉及其幕下的关照，提前埋下了一个伏笔。在夔州那会儿，杜甫还一再寄诗致意，用今天的话说，杜甫一直在进行"感情投资"，在诗中杜甫把卫伯玉，比作西晋将领，征南大将军山简[3]。山简这个人，算得上"口碑人物"，在诗词当中，出镜率很高，什么"山公醉""山公马""高阳池""醉习园""山公酩酊""醉倒山公"这些典故，都在说山简的事儿。大家想，杜甫对卫伯玉不停地夸夸夸，就算不能博得卫伯玉的超级好感，总不会留下什么糟糕的印象吧?

到达江陵后，杜甫努力向卫伯玉靠近，缩小社交距离。咱们都知道，杜甫有很深的望族情结，这与唐代强调郡望、攀比门第的士风有关。杜氏一脉最为显赫的远祖，就是杜甫的十三世祖杜预。有一回，杜甫直接拿最了不起的先祖，

---

[1] 指广德元年（763年）。
[2] 见唐代杜甫《奉贺阳城郡王太夫人恩命加邓国太夫人》。
[3] 见唐代杜甫《送田四弟将军将夔州柏中命起居江陵节度使阳城郡王卫公幕》。

来作为最了不起的一个参照:"尚书勋业超千古,雄镇荆州继吾祖"。杜甫大意是说,卫伯玉文韬武略集于一身,镇守荆州是继承了自己远祖的丰功伟业。[1]

还有一回,卫伯玉营建一座大楼,完美竣工。我们中国人,自古以来非常讲究仪式感。今天大楼落成庆典,揭牌啊,剪彩啊,致辞啊等等,一系列的环节。卫伯玉搞了一场庆祝,大宴宾客。一众幕府人士前来捧场,老杜也应邀出席。我们不妨代入这个场景,如此隆重的场合,潘江陆海,俊采星驰,是不是仿佛当年王勃走进了滕王阁的"片场"?胜友如云,高朋满座,物华天宝,人杰地灵,这类的词儿是不是一秒全蹦出来了?光是吃好喝好肯定不是宴会的主题,作诗才是表达情感的高级方式。大家觥筹交错,把酒赋诗,杜甫在诗中再次把卫伯玉,举得高高的,诗中说这座雄伟的新楼,不仅得登高临远的壮阔,更是盛夏避暑的好地方,这一切得益于"领导"治理有方,颂扬卫伯玉文武兼优、儒雅不俗。[2] 尽管杜甫这类的诗,难免有些阿谀之嫌,不过我们都心知肚明,这是应酬之作,必须逢场作戏。关键这个场面戏,还真的不好演,有一定的"技

---

[1] 见唐代杜甫《惜别行,送向卿进奉端午御衣之上都》。
[2] 杜甫作《江陵节度、阳城郡王新楼成,王请严侍御判官赋七字句,同作》与《又作此奉卫王》二诗。

术含量"。

如此说来，卫伯玉的段位那么高，社会能量也是蛮大的，如果想给饥寒落魄的杜甫遮遮风挡挡雨，那不是小事一桩吗？很可惜，江陵的卫伯玉，既不是成都的严武，也不是夔州的柏茂琳。杜甫只是偶尔被邀请参加个饭局、酒局，席间分个韵，赋个诗，[1] 现场热热闹闹的，宾主投分，诗简奉酬，在即兴作诗这个赛道，杜甫一波操作，也貌似赢在了"大气层"。实际上，杜甫是故事里的人，却站在了故事外，不是他看见的太少，而是亲近他的不多，疏离感、冰冷感是杜甫交往中的切肤之痛。江陵的一票官员，没给杜甫什么实质性的帮助，艰难窘迫让杜甫始料未及。

不过，我们要明白，为什么多个地方会成为杜甫的伤心地，为什么杜甫会多次成为伤心人。看起来杜甫交往的人，清一色"高大上"，但是这和我们今天所说的"向上社交"，完全不是一回事。"向上社交"是当下一个人弥合"信息差"的一种方式，是一种突破圈层、扩展人脉、打破信息壁垒的手段，或许是有效的，或许是无效的。杜甫晚年的生存模式，它的核心特征是具有依附性，点点滴滴的周济可解燃眉之急，但是无法保证长期没有后顾之忧。

---

[1] 比如，《暮春陪李尚书李中丞过郑监湖亭泛舟得过字韵》《夏日杨长宁宅送崔侍御常正字入京得深字韵》。

让我们气愤的是，在江陵，杜甫不单单受到权贵的冷落，他还受到小吏的欺凌。"狐狸何足道，豺虎正纵横"[1]。杜甫东西南北，长期漂泊，无处不在的小人嘴脸，早都领教过了，但是杜甫真的耿耿于怀吗？诗人想的是，国家正处战乱之中，百姓的日子比自己还要艰难，和那些如狼似虎的乱兵相比，这些地方上的庸俗小吏又算得了什么？他们顶多是个虚伪、奸诈的狐狸罢了。

大家看，哪怕日子跌落谷底，杜甫的心态，始终没有烂掉。在凉薄的世界，深情地活着，该是多么的坚强。

无论多么白的白眼，无论多么冷的冷嘲，杜甫一己见侮，犹可自解，天下遭乱，不能释怀。诗人的生命里已是漫天风雪，但是诗人希望整个世界遍地春光。每一次生命的暗夜时刻，都是杜甫心灵的涅槃时间。那些势利中人，在杜甫的大境界面前，充其量不过渺小的陪衬。

江陵不可久留，更无法定居，杜甫在江陵逗留大约8个月。为饥寒所驱的杜甫，在大历三年的深秋，不得不再一次携家登舟，离开了江陵，往公安行进。

---

[1] 见唐代杜甫《久客》。

04

从江陵到公安,一点都不远,马马虎虎百八十里的样子,但是这一段江面非常开阔。杜甫写下著名的《江汉》:

> 江汉思归客,乾坤一腐儒。
> 片云天共远,永夜月同孤。
> 落日心犹壮,秋风病欲苏。
> 古来存老马,不必取长途。

杜甫一开头就点醒了自己的身份:"思归客",这仨字,看起来平平无奇,实际字字血泪。"思归客",杜甫一直想北归,然而被生活裹挟,又一直在路上。他在途中且停且走,不断地修订着自己的行程。平心而论,杜甫最想去的地方也是他一辈子都没放下的地方,就是长安、洛阳,他要回到故乡、故国。

我为啥说"思归客"三个字,字字血泪?杜甫的家太难回了,自从杜甫在公元763年,唱出那句"直下襄阳向洛阳",到了这里,诗人又等了5年,始终归而不得,彻底成了天涯沦落人。我们再进一步讲,依据元稹给杜甫写的墓志铭,直到杜甫去世四十年之后,经过杜甫的孙子的不懈努力，才把爷爷的遗骨运回河南，杜甫"思归"，这条漫漫归乡路，竟然用祖孙三代人的心血和意志，才最终抵达。

北归无望，谁能懂得杜甫此时飘零的落寞？杜甫说，看着远浮天边的云，望着孤悬夜空的月，自己就像和片云共在远天，就像和孤月同度长夜。"片云天共远，永夜月同孤"。

让我们感动的是，杜甫漂流江汉，虽已年老体衰，可是面对飒飒秋风，诗人反而觉得精神多了，病也像好了不少。

《韩非子》这本书记了一个段子，说齐桓公讨伐孤竹国，返回的时候迷路了。管仲支了个高招，让老马走在前边，人跟在后边，果然走对了，这就是"老马识途"。"古来存老马，不必取长途"。什么意思呢？杜甫是说，自古以来存养老马，不是取它的力，而是用他的智。此时的诗人，觉得自己就像一匹老马，虽然不能奔腾万里，但是老能识途，老有可为。

诗人身在草野，心忧社稷，虽至暮年，壮心犹在。《江汉》这首诗，写得雄奇而超拔，沉痛又倔强。所以我说，杜甫是心理上极其生动而有韧度的人，更是捍卫理想的人，是理想不死的人。走过平湖烟雨，岁月山河，他用一个人的长期主义去对抗所有的不美好，即使到晚年也没有熄灭理想之火。他一边用感性脑去抒怀，去丈量脚下的大地，一边用理性脑去思考，去洞见生命的真理。哪怕生命之树结满了累累伤疤，依然希望发出灿灿光华。

杜甫在诗歌创作上非常早熟，可贵的是没有早衰，他一直保持旺盛的创作力，杜甫写的诗，越到老越有看头。

接下来的问题是，杜甫到了公安，又怎么样呢？在公安，杜甫意外遇到一些特别的人，咱们只说两个。

首先，公安县的县尉颜县尉，热情接待了杜甫，杜甫顿时心里暖暖的。这种受宠若惊的感觉，让杜甫直呼"神仙中人不易得"，[1] 我们不难理解，杜甫初到公安，旅况萧索。能有人对杜甫敬慕、体恤、问候，杜甫当然惊喜过望，这种"不易得"，既是庆幸，也是感慨。其实，神仙中人，不是谁都能担得起这个好评。比方说，大书法家王羲之够牛的吧？颜值与才华齐飞。可是有一回，王羲之见到一个人，只见他面如凝脂，眼如点漆，妥妥的绝色美男。王羲之不禁赞叹，此人简直神仙中人。[2] 杜甫用"神仙中人"赞美颜县尉，我们不难猜测，此人容貌端美，神态飘逸，有点"明星范儿"。诗里又说，若天马远行，秋鹰高举，

---

[1] 见唐代杜甫《醉歌行请顾八题壁赠公安颜少府》。指颜十。
[2] 出自《世说新语》。指杜弘治。

【编者语】

"羁旅知交态,淹留见俗情",疏离交杂着冷眼,轻慢伴随着欺辱,尝尽了人情冷暖的杜甫决意离开江陵这片伤心之地,收拾心情,再次出发。

至此,已彻底成了天涯沦落人的杜甫,却没有因为生计的困顿而沉沦,绝境之中依然迸发出"古来存老马,不必取长途"的乐观与豁达。步履不停,便有希冀,千帆过尽,依旧会有春意盎然。漫漫羁旅中,下一处柳暗花明之地,便是杜甫决定前往的公安。

在公安短暂的停留中,他喜出望外地与一位故人再度相逢,那这位故人能否带给他久违的体恤和慰藉呢?

正见才气孤标,待时而用。看来这个县尉确实不错。

说来巧了,唐朝一位著名书法家,这个时候正好也在公安。这个书法家的名字叫顾戒奢。杜甫不光写诗内行,书法也不是外行,杜甫有很多书画界的朋友,个个都是业界高手。在杜甫的诗里,提到很多书家的大名,比方说,李白、李邕、李潮、张旭、郑虔、曹霸、贺知章、顾戒奢，等等。顾戒奢擅长写八分书体，也称他"顾八分"。杜甫和顾戒奢是老朋友。俗话说，"他乡遇故知"，这是人生四大喜事之一，何况此时的杜甫，滞留江汉，孤苦无依。颜县尉请杜甫喝酒，顾戒奢一起作陪，故人相见，酒酣耳热，颜县尉请杜甫即席赋诗，这当然没问题，杜甫露了一手，写了一首诗，顾戒奢也露了一手，把杜甫的诗题在了墙壁上[1]。

不久之后，顾戒奢要到江西去，杜甫为他送行，又写了一首长诗[2]，诗中对顾戒奢的书法成就及其侠义品格，双双点了大大的赞，接着追叙二人永不褪色的友情。

杜甫回忆道，他与顾戒奢乃君子之交，交往已有二十年之久，在长安那会儿，他们曾相偕买醉，也曾舞文弄墨，也曾乘兴高歌。这次公安重逢，感慨万千，迟暮之年，倍觉友谊难能可贵。杜甫还说自古世事反复无常，如今自己像江郎才尽自惭形秽。说说你说说我，说过这些私人话题，杜甫放下了所有的客套，在诗里谈到"公共议题"，他对顾戒奢一通嘱咐。嘱咐啥呢？让他到江西后，劝诫那些地

---

[1] 见唐代杜甫《醉歌行请顾八题壁赠公安颜少府》。
[2] 见唐代杜甫《送顾八分文学适洪吉州》。

方官，让他们关注民生，关注民意，懂得"邦以民为本"的道理，不要毫无节制地盘剥百姓。

难怪有人说，"杜甫的全幅人生，都是仁的境界"。一点不假。

杜甫在公安，停留的时间非常短，只有两三个月，公安成为杜甫在湖北期间最短暂的一个驿站。杜甫继续沿江东下。按照惯例，一大早，杜甫就从公安出发，途径刘郎浦的时候，遭遇我们今天所说的沙尘天气。这块儿大北风，一连刮了十多天，昏天黑地，中午都不见日光，江上船中全都吹满了沙尘，[1] 我们是不是都想问，到底怎样的结局，才配得起杜甫后半辈子如此的颠沛流离？

从杜甫这辈子来讲，整个公元 768 年，杜甫年初离开夔州，接着东下江陵，徙居公安，年末去往岳州，这是杜甫大历三年的连续行踪，艰苦备尝。当杜甫泊船岳州城下，夜晚听到一阵凄清的觱篥传来，诗人心中一阵感伤。此时，杜甫的人生已经倒着数了，距离终点仅剩最后的两年。

---

[1] 见唐代杜甫《晓发公安》。

杜甫诗意图(局部)

清·王翚

玖

涕尽湘江

杜甫为何离鄂入湘?
他又为何频繁辗转于
湖湘大地之间?

【文前按语】

一封家书，杜甫急忙拾掇行囊，由蜀入鄂。此时年老多病、思乡心切的杜甫原本计划由鄂返乡、落叶归根。可中原战火未烬，百姓四处逃生。"岸风翻夕浪，舟雪洒寒灯"。杜甫再一次被苦难所裹挟，踏上入湘的逆旅。

舟泊岳阳，杜甫抱病登楼；船向衡州，杜甫远眺南岳；潭州楼上，有一见如故的新交，潭州城内，有久别重逢的故交。

那么，客寓湖湘，杜甫为这片土地留下了怎样的千古绝唱？杜甫的湖湘诗又展现了他怎样的精神内涵呢？

01

提起岳阳楼,真的太"热"了。我为啥说它太"热"呢?第一,这是个热门景点。岳阳楼,位列江南名楼前三甲;第二,这是个热门素材。我相信谁都背过范仲淹的《岳阳楼记》。事实上,早在唐朝,岳阳楼就已名声大噪。杜甫之前,就有好多诗人[1]登楼作诗。那杜甫登上岳阳楼,是不是也来蹭这个热点呢?

> 昔闻洞庭水,今上岳阳楼。
> 吴楚东南坼,乾坤日夜浮。
> 亲朋无一字,老病有孤舟。
> 戎马关山北,凭轩涕泗流。[2]

岳阳楼位于洞庭湖畔,这首诗提供我们一个精准信息:杜甫已经来到湖南地界。

整个公元768年,杜甫年初离开夔州,年末抵达岳州。中间在江陵和公安小住,这是杜甫一个年度的连续行踪。

---

[1] 唐玄宗开元四年(公元716年),张说贬官岳阳,常与文人迁客登楼赋诗,以后,就有很多诗人踵事增华,留下大量诗作。
[2] 见唐代杜甫《登岳阳楼》。

岳州就是湖南岳阳，此乃湘北门户。当杜甫的船抵达岳州，已经是这一年的年终岁尾，适逢天降大雪，渺渺洞庭，天地一白。

杜甫说，他很早就听闻洞庭湖水波澜壮阔，今天终于有幸登楼望远。"昔闻洞庭水，今上岳阳楼"。洞庭水没变，岳阳楼也没变，然而，在"昔"与"今"这个巨大的时间差里面，国在变，家在变，一切都在变。

此时的杜甫呢？多年战乱，道路阻隔不通，亲友故旧连一个字的消息都没有了。诗人年迈多病，全家人挤在一条船上。浩瀚的洞庭湖水，飘荡的一叶小舟，这一"大"一"小"之间，"亲朋无一字，老病有孤舟"。这一"无"一"有"之间，包孕诗人无限的感慨，再放眼八百里洞庭，向北望去，安史之乱虽然收场，但是留下了"后遗症"啊，长安难"安"，当时还有那么多战乱没有彻底平定。

只要杜甫心中翻腾起牵肠挂肚的国事、民事，诗人的心态就无法调成静音模式。"戎马关山北，凭轩涕泗流"，一边是京都长安燃烧的战火，一边是岳阳楼上痛哭的老人。我们是不是再一次心疼杜甫？其实，岳阳楼与长安城，那可是千里之遥，但在诗人心中没有这个物理距离，一叶孤舟可以装下整个天下。

杜甫真的泪点太低了吗？我想说，杜甫虽然一个人登上岳阳楼，但是，诗人负载的东西太多，社稷离乱的乱，大唐兴衰的衰，黎民苦难的苦，个人悲愁的悲，所有这些，都随着杜甫一起登上了岳阳楼。

大凡好的东西，都具有"侵略性"或"攻击性"，要么入了眼，要么占了心。孟浩然的"气蒸云梦泽，波撼岳阳城"，[1]写得阔大沉雄，杜甫这首《登岳阳楼》一出，刷了一波又一波的好评，成了千古绝唱，孟浩然也要屈居下风。

故事到这里并没有完。有学者进行量化统计，唐诗十大名篇当中，杜甫的诗有三篇上榜，其中就有这首《登岳阳楼》。1962年，为纪念杜甫诞辰1250周年，世界和平理事会公布，"世界四大文化名人"的榜单上，杜甫占了一个席位。岳阳人民在岳阳楼下建了一座亭子，玲珑典雅，坐南朝北，名曰"怀甫亭"。

战乱岁月，没有谁会成为一个绝缘体，也没有谁会生活在一个孤岛，杜甫来到岳州，岳州百姓的日子过得怎么样呢？

我要和大家讲，杜甫对于民生疾苦的观察，永远没有视觉盲区。"安史之乱"，对于中学生来讲，很多时候就

---

[1] 见唐代孟浩然《临洞庭湖赠张丞相》。

是教科书上一个名词解释，对于身处其中的杜甫而言，那是一系列正在发生的、无法定义的、千万家庭的破碎以及无数个体的流离。

一年将尽，此时的潇湘洞庭，天寒地冻，然而，安史之乱过后的岳州人民，正处于水深火热之中。杜甫在一首诗里，描述了他们的凄惨生活。看那些高车驷马的达官显贵吃厌了大酒大肉，男耕女织的农民一年到头却两手空空。官府横征暴敛，在繁重赋税的压榨下，老百姓苟延残喘，甚至被逼到卖儿鬻女。加之当时钱法大坏，私铸滥造，民不聊生的日子雪上加霜。杜甫有感于世乱民穷，对射猎为生的少数民族表示真挚的同情。

这首诗，杜甫批判入骨，就好像诗人站在那些剥削者面前，狠狠地给了他们一记耳光。

大家想，杜甫多年来流离四野，颠沛八荒，此时更是湖湘流落，以舟为家，况且暮年多病，已经自身难保，可是他没有在自己的小圈子悲伤苦闷，始终以民生为念，着实令人肃然起敬。[1]

---

[1] 见唐代杜甫《岁晏行》：岁云暮矣多北风，潇湘洞庭白雪中。渔父天寒网罟冻，莫徭射雁鸣桑弓。去年米贵阙军食，今年米贱大伤农。高马达官厌酒肉，此辈杼轴茅茨空。楚人重鱼不重鸟，汝休枉杀南飞鸿。况闻处处鬻男女，割慈忍爱还租庸。往日用钱捉私铸，今许铅锡和青铜。刻泥为之最易得，好恶不合长相蒙。万国城头吹画角，此曲哀怨何时终？少数民族指莫徭。

杜甫在岳阳，没有什么依靠，所以何去何从，诗人产生了一些新的想法，但是，所有的想法都泡汤了。杜甫一家不过岳阳的匆匆过客，只做了短暂的停留。转过年，到了公元769年的二月，杜甫一家从岳阳离开，经洞庭湖溯湘江而上，去哪呢？前往衡州。衡州是今天的湖南衡阳。

从岳州到衡州，这一路行程要分为两段：第一段是从当时的岳州出发，到达潭州，第二段是接着再从潭州出发，抵达衡州。

那杜甫要去衡州，莫非那里有熟人吗？

该说不说，衡州那里不仅有熟人，而且这个熟人，是个老熟人，杜甫和他年轻的时候就熟悉了。这个人，名字叫做韦[1]之晋。当时韦之晋正在担任湖南团练观察使、衡州刺史。杜甫和韦之晋是怎么认识的呢？咱们之前讲过，杜甫平生第一次出门远行，在晋国故地山西临猗，那里是韦氏的封邑，这里也成了杜甫与韦之晋友谊开启的"黄金地"，那一年，杜甫还是毛头小伙儿，只有19岁。现在，韦之晋在衡州成了"当家人"，杜甫决心去投靠这个年少好友。

岳州离潭州已经不远了，只有六十里左右的水路，于是杜甫开始奔赴潭州再奔赴衡州。

---

[1] 韦，读作 wéi。

02

早春时节,杜甫的船只驶出了洞庭湖,进入又一个湖——青草湖。青草湖,北连洞庭,南接潇湘,东纳汨罗水。驶出青草湖,进入湘江,眼看着离潭州越来越近了,可是,从岳州到潭州,这一段水路都是逆水行舟。

逆水行舟,不光难度系数大,危险系数也大。结果有一天,刮起了一阵狂风,江上波涛汹涌,恶浪打来,他们的船只被阻了,迫不得已停船靠岸。

这个时候,杜甫没有盯着他个人的这点不幸,而是把关切的目光投向了这里的百姓。诗人沿途所见,再次目击当地百姓家破人亡的一幕。

山里有个采蕨菜的妇女,她每天采来野菜再拿到市场卖钱,靠这点微乎其微的收入,去缴纳官府多如牛毛的苛捐杂税。她的丈夫已被繁重的徭役折磨致死,当她疲惫不堪,日暮回家,这个妇人常常在空荡荡的村子里肝肺欲裂,号啕大哭。杜甫在诗中对那些为富不仁的统治者、官吏们,再次进行了无情的谴责,愤慨官府视民生如草芥,对百姓的盘剥已经惨不忍睹,一边是官府赋税猛如虎,一边是黎民性命薄如纸,"能不能活着"这个命题,已经成为残酷的现实之问。

杜甫说，他这次乘舟远涉，历尽风涛之险，暮春三月，已是花开鸟鸣，自己连件换季的衣服都没有，依然穿着破旧的棉袄，但是毕竟还有一条生路，无数人已在生活的悬崖，生不如死。[1]

杜甫并不是在刻意刻画什么深情人设，艰辛的诗人，在流浪的路上，他把人世间所有的苦难一粒一粒地拾起，扛在了肩上，也装进了心里。尽管杜甫辗转奔波，自己都不知道明天会发生什么，但是他的悲悯情怀始终屹立不倒，诗作写得至情至性。

可是，不出意外的话，意外还是发生了。俗语说："湖上的天儿像孩子的脸，说变就变。"当杜甫的船只，行至铜官渚这个地方，再次遭遇一场强风，[2]险些翻船，岌岌可危，人们只好躲进船里。结果，大风持续了两天两夜。好在第三天，风势减弱，杜甫一家继续启程南下。当他们的抵达潭州，时间已经是二月下旬。

杜甫到潭州不久，正赶上清明节，春和景明，气象一新。可是此时的杜甫，他的身体已经每况愈下。"此身漂

---

[1] 见唐代杜甫《遭遇》："石间采蕨女，鬻市输官曹。丈夫死百役，暮返空村号。闻见事略同，刻剥及锥刀。贵人岂不仁，视汝如莠蒿。索钱多门户，丧乱纷嗷嗷。奈何黠吏徒，渔夺成逋逃。自喜遂生理，花时甘缊袍。"
[2] 见唐代杜甫《铜官渚守风》。

泊苦西东,右臂偏枯半耳聋。寂寂系舟双下泪,悠悠伏枕左书空"。[1] 偏枯,可以理解为轻度中风。当时老朽的杜甫,右臂几乎残疾,左手难以控笔,一只耳朵也聋了,依靠服药维持着来日不多的生命。杜甫的身体状况由滑坡再到直线滑坡,杜甫的生活由落魄再次走向落魄。茫茫人寰,无人可语,莽莽乾坤,命运如同不系之舟。

在潭州,杜甫一家只是停留几日,接下来继续南征,赶往衡州去投奔好友韦之晋。

从潭州去衡州,仍然是溯湘江南下。杜甫对衡州优美的自然风景和幻化的人文传说心驰神往,在船上遥遥望见了衡山。咱们都知道,衡山是著名的五岳之一。茂林修竹,终年翠绿;奇花异草,四时不歇。盘纡数百里,大小山峰七十二座,祝融峰之高、藏经殿之秀、方广寺之深、水帘洞之奇,并称南岳"四绝"。于是杜甫作了一首《望岳》。

这已经是杜甫第三次写《望岳》,前两次望岳,一次是望东岳泰山,一次是望西岳华山,这次是望南岳衡山。

望东岳,杜甫望过之后,泰山就不再是原来的泰山,他们相互对望、相互敞开、相互生成、相互照亮。杜甫写他要居高临下俯视群山,让眼底一切微不足道,实际抒发

---

[1] 见唐代杜甫《清明二首》。

【编者语】

　　唐朝时期，诸多文人墨客曾寄居于湖南，寄情于潇水。然而杜甫并未流连于美景之间，他的双眼所及皆是百姓疾苦。历经沧桑仍有慈悲紫怀，看遍动荡仍有赤子之心。"以人为本"，这是杜甫在希望与失望的交织中坚守的倔强，也是杜诗在盛世与衰世的动荡中恪守的价值。

　　为了投奔衡州刺史韦之晋，杜甫再度启程，途径南岳衡山，再写《望岳》。那么这首诗描绘了怎样的景色？杜甫三写《望岳》，又有着怎样的心理变化呢？

的是一种理想豪情。

　　望西岳，杜甫被贬为华州司功参军，华山自古一条路，刀削斧劈一般的悬崖峭壁，毫无过渡，突兀地闯进杜甫的视线。杜甫写华山山高路险，其实是想表达仕途的险恶多艰。

　　望南岳，笔下是灵光飘淼的"绝壁、清光"，峰峦叠嶂的"祝融、紫盖"，神秘、灵异的仙人、神话。眼见南岳之高峻，耳听南岳之传奇，灵动缥缈的水、气势雄伟的山，在杜甫的心里俨然神灵聚集的圣地。诗里表面在写，希望岳神为君主降下吉祥，其实是表达自己无日不思家国的忠心。[1]

杜甫三个年龄段，面对三座名山，写出三种不同的况味：望泰山的杜甫，志向和泰山一样气势夺人；望华山的杜甫，现实和华山一样崎岖不平；望衡山的杜甫，精神和衡山一样高昂不屈。

青年的意气风发，中年的失意彷徨，晚年的沉静苍凉，三首《望岳》，从大山的视角，似乎给我们描画了诗人一生的心事起落。

要说杜甫在整个湖南的行船，这一年颇不顺利。从潭州到衡州，诗人多次遭遇狂风和洪流，所以一路走走停停，断断续续走了一个多月，三月底，杜甫终于抵达衡州。乱世的重逢，是最撩人心魄的重逢。在杜甫的预设里，潇湘大地，草长莺飞，他即将迎接的，是一场诗人和好友的喜相逢。

那衡州，有没有给诗人带来猝不及防的惊喜呢？杜甫

---

[1] 见唐代杜甫《望岳三首·其三》："祝融五峰尊，峰峰次低昂。紫盖独不朝，争长嶪相望。恭闻魏夫人，群仙夹翱翔。有时五峰气，散风如飞霜。牵迫限修途，未暇杖崇冈。归来觊命驾，沐浴休玉堂。三叹问府主，曷以赞我皇。牲璧忍衰俗，神其思降祥。"

苦苦找寻韦之晋,找到没有呢?

03

真是计划不如变化快。当杜甫从潭州好不容易到达衡州,结果,就在不久前,韦之晋由衡州刺史改任潭州刺史,已经去潭州赴任了,杜甫来了,韦之晋却走了,这也太不巧了吧![1]

从当时他们的行走路线来看,假若,韦之晋由衡州往潭州去,也是走水路的话,他恰好和杜甫在湘江擦肩而过,让我们无法接受的是,谁能想到,这竟是他们最后一次擦肩而过。

正当杜甫准备折回潭州,去投奔韦之晋的时候,天降噩耗,韦之晋到了潭州没几天,突然离世。杜甫闻讯,一下子心态就崩了,朝廷痛失良将,自己痛失好友,杜甫的心情要多么悲痛,有多么悲痛,[2]杜甫此番南下,抱着希望而来,谁料竟是永诀。

在杜甫心理,韦之晋是可能成为严武那样的人。韦之

---
[1] 见唐代杜甫《奉送韦中丞之晋赴湖南》"王室仍多故,苍生倚大臣。还将徐孺榻,处处待高人。"
[2] 见唐代杜甫《哭韦之晋大夫》。

晋一死，杜甫在湖南失去了最值得信赖的依靠，只能辗转漂泊，处处碰壁。公元769年的夏天，杜甫一家是在衡州度过的。

后来，杜甫由衡州不得不返回了潭州。

为什么呢？关中等地的战祸连绵，可是，由于长江天险和洞庭湖的阻隔，潭州相对来说，还算风平浪静、物阜民安。为了补贴家用，杜甫偶尔去城中卖卖草药。[1]加上宗文、宗武也都长大，长子宗文已经十八岁左右，这哥俩十分懂事，常去江中打鱼捞虾，来改善一下穷苦的生活。

杜甫再次重返潭州，他在潭州过得好不好呢？

在潭州，杜甫结识了一位奇人，此人姓苏名涣。苏涣原本是蜀地人，年轻时狂放任侠，幻想"十步杀一人，千里不留行"，又喜欢剽窃偷盗，特地使用一种白色弩箭，作为自己的招牌武器，关键命中率高，射人百发百中，往来商旅都非常怕他。所以，苏涣已经跻身当时强盗界的"大咖"。可是，不逼自己一把，永远不知道自己有多么优秀。后来，这个蜀中大盗，竟然金盆洗手，痛改前非，折节读书后，连进士都考上了。

有一天，苏涣忽然前来，拜访杜甫。缘分这东西，真是神奇，如果话不投机，彼此说上几句都像翻山越岭。杜

[1] 药物楚老渔商市，"楚老"自指。杜所到之处，多以卖药补助家计。

甫和苏涣呢，一见如故，三分钟的会面处出了三十年的感情。茶酒过后，杜甫请苏涣吟诗，苏涣就把自己近来的得意之作，在杜甫面前"秀"了一下。杜甫听后，觉得"才力素壮，词句动人"，于是作诗盛赞苏涣，说他性情高洁，好比汉末隐士庞德公，说他诗歌厉害，已经超过"三曹""七子"，说他才华不俗，可与扬雄、司马相如并驾齐驱。杜甫甚至说，自己已经被苏涣迷住了，仿佛灵丹妙药入口，早晨起来照照镜子，白发当中都长出了黑丝。[1] 这话儿确实有些夸大其词，带有厚厚的"偶像滤镜"了。记得心理学家杰斯·蕾尔说过，对于人类的灵魂而言，称赞就如同阳光一样。没有它，我们便无法健康成长。杜甫和苏涣惺惺相惜，于是慷慨地把称赞的阳光赠予了苏涣。自古同声相应，同气相求，此后杜甫与苏涣相交甚密，无话不说。

苏涣的出现，给杜甫的潭州岁月平添几分慰藉，几许亮色。

秋天的一日，杜甫在潭州临江的楼上，写了一首诗，其中有这样两句："乱离难自救，终是老湘潭。"[2] 自己

---

[1] 见唐代杜甫《苏大侍御访江浦，赋八韵记异》："庞公不浪出，苏氏今有之。再闻诵新作，突过黄初诗。乾坤几反覆，扬马宜同时。今晨清镜中，胜食斋房芝。余发喜却变，白间生黑丝。昨夜舟火灭，湘娥帘外悲。百灵未敢散，风破寒江迟。"

[2] 见唐代杜甫《楼上》。

以老病之躯漂泊于五湖之南，自救尚且不暇，更谈不上报效国家，只唯恐异乡为异客，终究客死异乡。杜甫在诗中抒发了家国之愁、身世之忧，也是杜甫对自己未来不祥的一种预感。我们细细读来，倍觉满纸是泪。

有道是，一年之计在于春。公元770年，天地之春，如约而至。在落英缤纷的日子，让杜甫诧异的是，大唐"顶流音乐人"，李龟年不知什么时候也流落到了潭州，这就有了咱们非常熟悉的《江南逢李龟年》。听歌的人，唱歌的人，他们往昔一同亲历的开元盛世，此时已经零落成尘。从前的良辰美景，今朝不再是美景良辰。杜甫，不仅把李龟年记录在了音乐史上，还把李龟年的名字留在了每一本唐诗的选集里。

要说公元770年的春天，这是一个特殊的春天，这是杜甫生命旅程最后一个春天。顺便剧透一下，这个时候，距离杜甫去世，只剩下半年多的光景，日子真是按天数了。可是，春天来了，杜甫在潭州却住不下去了。

04

在大美的人间四月天，潭州突发一场叛乱，史称"臧玠之乱"，这场叛乱，将杜甫大体平静的生活野蛮打断。

【编者语】

"诗者,志之所之也"。这既是儒家的诗学观,也是杜甫作诗的动力。"此身漂泊苦西东,右臂偏枯左耳聋。"杜甫在湖湘大地,或许预料到暮钟即将敲响,他将自己残生的全部价值付之于笔,以高昂的热情创作诗歌。

湘江寒风中,杜甫回忆起自己每况愈下的漂泊生涯以及日渐倾颓的大唐国势,不禁泪湿青衫。杜甫盼望的春花还未绽开,梦魇却先一步袭来。那么,是什么导致杜甫再度流浪?杜甫是怎样度过人生中最后一个春天的呢?

臧玠叛乱的起因是啥呢?与臧玠的顶头上司有关。当时这个潭州刺史,原本是个"标兵"人物,曾经得过朝廷连升五阶的奖励,[1] 工作干得非常像样,用今天的话说,德、能、勤、绩、廉,每项都是满分。他是迁任到潭州的,潭州的实际情况如何呢?由于多年战乱,湖南兵将,早已军纪废弛,他们飞扬跋扈,可是刺史继续雷厉风行,这就引

---

[1] 出自《旧唐书·崔瓘传》。

发政府和军队的积怨越来越深。

就在4月8日，出大事儿了。湖南兵马使臧玠，他在府库领取每月的粮储时，与判官发生争执，结果双方矛盾火速升级，臧玠夜间举兵造反，判官与刺史[1]接连被杀。[2]乱兵所到之处，纵火劫掠，潭州城内顿时火光冲天。这还不算，作乱分子还在全城大肆搜捕刺史亲信，滥杀无辜。百姓一片混乱，疯狂逃命。

杜甫在哪呢？

杜甫一家正在潭州城内，他们连夜起身，立即驾船，向南行驶，去往衡州。

船只刚走不远，杜甫就看见岸边一匹白马急驰而来，"白马东北来，空鞍贯双箭"，这匹落荒白马，空空的马鞍上面还贯着双箭，显然马的主人已遭不测。杜甫由白马空鞍，想到死于兵乱的将士，再想到死于兵乱的百姓，不禁为这场乱中的死难者流下热泪，"丧乱死多门，呜呼涕如霰"。[3]呜呼涕如霰，杜甫再次涕泪横流，他的泪，为自己逃难而流，为百姓离散而流，为国家动荡而流。

大家想，杜甫托身江湖，多年流离，天长水阔，身似

---

[1] 判官名叫达奚觏；刺史名叫崔瓘。
[2] 出自《旧唐书》卷八十五。
[3] 见唐代杜甫《白马》。

浮萍。可他对于国家民族的热忱，始终没有磨灭，一直到生命的最后，这就是真正的杜甫。他用自己的文字，自己的歌唱，去抚慰苦难的黎民和残破的大地。杜甫的思想，渊源于儒家，但对儒家学说又有所突破。儒家说："穷则独善其身，达则兼济天下。"杜甫不管穷达，都要兼济天下；儒家说："不在其位，不谋其政"。杜甫不管在位不在位，他都要谋其政。

咱们说回杜甫这次逃难。从潭州去衡州，走水路的话，大约需要二三十天的样子，所以，杜甫这一路上不敢作过多的停息，终于在四月底或五月初抵达衡州，当地的衡州刺史杨济，以"东道主"的身份接待了杜甫。这让惊魂甫定的诗人感慨万端。

凭我个人的感觉，翻阅杜甫的诗，就好像打开了杜甫的独家记忆，因为杜甫保持着每到一地必作一诗的习惯。关于这次逃难，杜甫诗中写道：

> 五十白头翁，南北逃世难。
> 疏布缠枯骨，奔走苦不暖。
> 已衰病方入，四海一涂炭。
> 乾坤万里内，莫见容身畔。
> 妻孥复随我，回首共悲叹。

故国莽丘墟,邻里各分散。

归路从此迷,涕尽湘江岸。[1]

咱们一起盘点一下,杜甫已经第几次逃难了?安史之乱,杜甫逃难;徐知道之乱,杜甫逃难;臧玠之乱,杜甫逃难。这不就是"南北逃世难"嘛!

要说杜甫也算幸运,有好几次叛乱,杜甫都巧妙躲过去了。乱中之乱,简直防不胜防。此时的诗人,头发尽白,一身枯骨,垂垂老矣,还在以船为室,以水为家。天地之大,竟找不到一个容身之所!北方战乱不休,国事动荡,田园荒芜,乾坤万里,生灵涂炭。当诗人的生命之火行将燃尽,依然落得冰冷的扁舟一叶。

杜甫携妻带子,带着一大家子逃难,转移起来谈何容易。有人说,杜甫一家,这是一只水上漂流的"吉卜赛家族"。让我们为诗人感到安慰的是,在困厄乱离之中,杜甫这家人漂泊江湖,始终没有失散。

关于臧玠之乱,这场叛乱的原委、经过、始末,史籍记载语焉不详。杜甫亲历了这一兵变,并且和衡州刺史,

---

[1] 见唐代杜甫《逃难》:"五十白头翁,南北逃世难。疏布缠枯骨,奔走苦不暖。已衰病方入,四海一涂炭。乾坤万里内,莫见容身畔。妻孥复随我,回首共悲叹。故国莽丘墟,邻里各分散。归路从此迷,涕尽湘江岸。"

这样的封疆大吏有过接触，颇知内情，后来，杜甫有所感发，对这一事件，作了诗歌版的"跟踪报道"，犹如战地采访记，极富史料价值。有人说，如果把杜甫中年至他去世的诗作读完，就会发现，那是一部记录"安史之乱"的史书。如果把杜甫一生的诗作全部读完，就会发现，那是一部见证大唐帝国的历史著作。这种说法并非头脑一热的妄言，杜甫的诗，对当时历史事件的记录，比官方的正史更加详实。必须强调的是，杜甫"诗史"的意义，更在于杜甫以诗家之笔，走入那个时代人们心灵的深处，将细如秋毫的内心世界展露无遗，使后世读者得以窥见那段历史的一个侧影。

臧玠之乱，这是杜甫生平遭遇的最后一场兵乱，它虽然只是发生在湖南的一场小规模叛乱，但这次兵变发生在杜甫的垂暮之年，又一次改变了杜甫的人生轨迹，诗人被迫又一次辗转迁徙。

从杜甫这辈子来讲，南征潇湘，不过杜甫漂泊生涯的一支插曲。如果说光阴像个胶囊，在杜甫的光阴胶囊里，不仅储存了许多时间颗粒，还储存了诗人许多心情"颗粒"。杜甫不止为自己寄身水上而低吟，更多的是为那些无路可走的人民高声呐喊。中华文化最主要的一个特征就是人本精神，它是以人为一切价值判断为出发点的文化。杜诗的终极价值，正在于它对中华文化做了最本真、最丰富的阐释。

　　杜甫逃到衡州不久,收到了舅舅崔伟的邀请信。杜甫的舅舅,此时正在郴州做官,杜甫一家于是从衡州出发,仍是坐船走水路,溯耒水而上,前往郴州,兴冲冲去投奔舅舅。看起来山穷水尽的日子,似乎开始柳暗花明。

　　然而,在耒阳,传来了更坏的消息。

拾

千秋诗圣

一代诗坛巨擘陨落，杜甫生命最终的际遇如何？他又为何能获得「千秋诗圣」的至高殊荣？

【文前按语】

杜甫的一生,满载无限的漂泊和遗憾,却书写出传世的不朽与伟大。"独有工部称全美,当日诗人无拟论"。生前赞誉寥寥的杜甫,却被后世尊崇至伟,成了历代诗家的"精神领袖"。他心系苍生疾苦,写尽世上疮痍,频掀笔底波澜,终成诗中圣哲。

"文章垂世自一事,忠义凛凛令人思",时至今日,杜甫璀璨的诗句和篇章,仍旧照耀着世界文坛的来路和去处,遍洒九州,蜚声海外,成了全人类共同的精神财富。

半生颠沛,一世飘零,杜甫的生命孤舟最终将魂归何处?又何以在后世以"千秋诗圣"的英名,登临文坛巅峰,一览众山之小?

01

　　如果唐朝就有公众号的话，杜甫的最后一篇推文，写给了谁呢？答案是：湖南亲友。

　　我们把故事线拉回到公元770年，这一年，杜甫一家从衡州出发，逆耒水而上，往哪去呢？往郴州去，去投奔杜甫的一个舅舅。大约六月底七月初的样子，杜甫的船来到耒阳县，这里有个驿站，叫方田驿，就在方田驿这个地方，坏了，正赶上洪水泛滥，四周一片汪洋。船只当然不敢冒险前行，杜甫一家被困在方田驿，一困就是五天。关键是此时全家断粮，大家想，五天，杜甫一家人的生命受到严重威胁，几乎束手待毙。

　　要说，人不该死总有救啊，杜甫的救星及时出现了！

　　我们一起记住这个人。当时耒阳县的县令，姓聂，聂耳的聂，聂县令得知杜甫被困的消息，火速驰书慰问，并且派人送去牛肉白酒，解了杜甫一家的燃眉之急。性命相救，岂会不感激涕零？后来，杜甫去耒阳县专程拜访，并面呈一诗，答谢聂县令的大恩大德[1]。由于江水暴涨，从耒阳到郴州，还有二百多里的水路，加上这个时候湖南正

---

[1] 见唐代杜甫《聂耒阳以仆阻水，书致酒肉，疗饥荒江，诗得代怀，兴尽本韵。至县，呈聂令。陆路去方田驿四十里，舟行一日，时属江涨，泊于方田》。

值盛夏，酷热难当，所以杜甫一家去郴州去不成了，就返回了潭州。

到了秋末，杜甫可能对自己的身体有了不祥的预感，为了不客死他乡，诗人想返回洛阳，[1] 希望湖南亲友能施以援手，给点接济。求助的结果，显然不是杜甫想要的结果。

就在刚刚到来的那个冬天，杜甫带着一大家子，从潭州启程赴岳州北归，经过洞庭湖的时候，诗人强撑病体，写下一首长诗——《风疾舟中伏枕书怀三十六韵奉呈湖南亲友》。

这首诗真的好长，好长，因为这是一首五言排律。五言排律，顾名思义，相当于五律的加长版，通常两句一韵。[2] 题目告诉我们三十六韵，做个乘法，一共七十二句，三百六十个字。

通常呢，某某作者最后的作品，容易引发格外的关注。因为这是作者文学生命重大的时间点，也是作者物理生命的倒计时。这首长诗，一方面，相当于杜甫的自挽诗，据考证，也是杜甫的绝笔诗。写完不久，在潭州、岳州之交，

---

[1] 见唐代杜甫《暮秋将归秦，留别湖南幕府亲友》："水阔苍梧野，天高白帝秋。途穷那免哭？身老不禁愁。大府才能会，诸公德业优。北归冲雨雪，谁悯敝貂裘？"

[2] 五言排律往往是两句押一韵。唐人的排律多用整数，如十韵、二十韵、三十韵、四十韵、五十韵等。

在那只湘江飘荡的小船里,杜甫对这个世界做了永远的告别。生命终结在五十九岁,年寿不足一个花甲。

那我们回顾一下,杜甫这辈子别说顺风顺水,已经近乎"九九八十一难",自从"安史之乱"爆发,诗人逃鄜州,贬华州,赴秦州,定蜀州,去梓州,到阆州,居夔州,过峡州,驻岳州,返潭州,下衡州,往郴州,在"万方多难"的社会,穷困以存,穷困以老,穷困以终。到了生命的结尾,杜甫的内心一定百感交集,最后这首长诗都写了啥呢?

诗中的思想情感,我们可以剥离出多个层次,包括:触景之伤、羁旅之叹、病躯之痛、内疚之深、故都之恋、忧国之恒,等等。

其中诗里有这样两句,非常感人:"战血流依旧,军声动至今",[1]那个时候,吐蕃作乱经常发生,大地的战火依旧没有停下来。大家看,纵使河山破碎,盛世凋残,杜甫的悲悯之心,从来没有缺席,直到弥留之际,依然为战乱忧虑不已。"战血流依旧,军声动至今",杜甫一生亲历乱世,命途多舛,希冀和平成为诗人最执着的梦。从这一角度来讲,杜甫的一生,是不甘的、没有完成的一生。国家,家国,杜甫恨了一辈子,爱了一辈子。有人说,这

---

[1] 见唐代杜甫《风疾舟中伏枕书怀三十六韵奉呈湖南亲友》,此诗仇兆鳌定为杜甫的绝笔诗。

是他一生的伤心处。我倒觉得，不忘家国，恰恰是杜甫一生的得意处，一生的伟大处。

那杜甫到底是怎么死的呢？史上先后出现过多种说法：

其中饫[1]死说、醉死说、毒死说，这是个连环说，指的是同一个事儿，就是聂县令送杜甫"牛肉白酒"这个事儿，杜甫大吃大醉，结果暴饮暴食暴死。这个说法最囧也最尬。这个结论之所以站不住，因为杜甫吃完酒肉，他还亲自对聂县令表达过感谢，并不是"一夕而卒"，在这之后，不是还写了那首长诗吗？

此外，还有投水说[2]、淹死说[3]，这些说法，要么小说家言，要么脑洞太大，纯属无稽之谈。

我之前讲过，杜甫是个长期病号，所以，病死说最靠谱。杜甫在最后这首长诗里，还一清二楚地强调了他的病，再次给我们补充了相关的佐证："风疾舟中"。风疾，中医一般指的是中风这类疾病，相当于西医所说的心脑血管疾病。咱们都知道，乌鸡是一种药用珍禽，具有多种食疗

---

[1] 饫，读作 yù。
[2] 此说源于伪托唐朝韩愈名义撰的《题杜子美坟》提出"三贤同归一水"的说法。
[3] 见唐代李观《杜拾遗补传》："江水暴涨，为惊湍漂没，其尸不知落于何处。洎玄宗还南内，思子美，诏天下求之。"

价值。有民间偏方说乌鸡能治风疾，杜甫在夔州山上住的时候，就养过乌鸡。结果鸡生蛋，蛋生鸡，鸡多起来了，成群结队，上蹿下跳，所经之处，一片狼藉。杜甫就吩咐长子宗文，让他树一个栅栏，把乌鸡由散养变成圈养，大概宗文有点拖延症，杜甫急了，还专门写了一首诗催他，诗的题目就叫《催宗文树鸡栅》。

在最后这首长诗里，杜甫还给我们描述了相关的情形："转蓬忧悄悄，行药病涔涔"。[1] 此时，诗人病情已经非常严重，满头大汗，知将不起。当时洞庭湖一带甚为荒凉，无处求医。"乌几重重缚，鹑衣寸寸针"。再看杜甫一家贫苦到什么程度，诗人随身携带的乌皮几捆了又捆，一家老小穿的衣服补丁摞着补丁。

纵观杜甫这辈子，诗人是带着多重遗憾离开的。他遗憾，走出故乡再也没走回故乡；他遗憾，"致君尧舜上"的理想之花始终没能花开；他遗憾，璀璨的盛唐破败后，再也无法璀璨；他遗憾，一身莫保，家人难安，未能庇护老婆孩子一世周全……

时间从来不语，却回答了所有问题。无论杜甫如何遗憾，能为诗人弥补遗憾的是：诗以成史，人以成圣，这是

---

[1] 见唐代杜甫《风疾舟中伏枕书怀三十六韵奉呈湖南亲友》。

后人馈赠杜甫最高级的一份"厚礼"。杜甫做人、作诗能到这个份儿上,足矣。

那"诗圣"之名是怎么加到杜甫头上的呢?

【编者语】

大历五年冬,抱着未能"致君尧舜上"的遗憾和"行药病涔涔"的残躯,杜甫在由潭州去往岳阳的那条小船上与世长辞,时年五十九岁。在不足一个花甲的生命历程里,杜甫却以蓬勃的创作力,写下了共一千四百余首诗作。然而,"百年歌自苦,未见有知音",虽然杜甫的文章在后世有着"光焰万丈长"的美誉,但在他的有生之年,这些诗篇遭到的却是忽视与冷落。

为什么杜甫的文学成就在当时没能被大家接受呢?这与盛唐时期的文化气氛有哪些关系?而后世又有哪些文人骚客发现了杜诗的高远境界,让它们重新回到大家的视野之中呢?

02

北宋王安石说：世间好语言，已被老杜道尽。意思是说，世界上的好句子，杜甫都给写完了。别人再写，恐怕就是"抄作业"了。鲁迅也对朋友杨霁云讲过类似的话，他说，我以为一切好诗，到唐已被做完，假如你没有齐天大圣那样的本领，你就大可不必再写诗了。

这说明，历朝历代，达成了一个共识：唐诗好比中国古代诗坛的"珠穆朗玛峰"，它的高度无法企及。在唐朝，一个知识分子，如果不会写诗，似乎都不足以谈人生。唐朝有名有姓的诗人就两千多；[1]人多，绰号也多，什么诗骨、诗魔、诗豪、诗仙、诗鬼、诗佛、诗囚、诗奴、诗圣。如果让我在这么多绰号里，再分出个一二三来，我认为杜甫"诗圣"的排名应该是靠前的。为啥呢？能被冠以诗国中的圣贤，它不仅仅具有标签价值，也证明杜甫的文学造诣、人格境界"双一流"。这不能不令我们敬畏。

有数据显示，在"十大诗人"排行榜上，杜甫是冠军。从十大名篇和《唐诗三百首》的入选篇目来看，杜甫两项，

---

[1] 出自《全唐诗》，是清康熙年间在康熙皇帝主导下搜罗唐诗的合集，"得诗四万八千九百余首，凡二千二百余人"。

又是双料冠军。[1]这是当代学者通过统计得出的定量分析,这是杜甫去世之后长期的荣耀积累。

需要指出的是,杜甫被称作"诗圣"的成圣之路,经过了漫长的历史选择。而且,放眼整个古代诗坛,并不是只有杜甫一人被冠以"诗圣"的提名,"诗圣"最终成了杜甫的"专利",杜甫由诗人到"诗圣",这是一个曲折的历史过程,这条起起伏伏的曲线,用学术话语来说,这是一部杜甫诗歌接受史。对于杜甫的诗歌接受,如果从"接受者是谁"这个角度,形成了几支梯队,比方说,诗人代表队、专家代表队、读者代表队、粉丝代表队,等等。

接下来,咱们从头来梳理一下。首先,杜甫生前是不是很"受宠"呢?

在盛唐那会儿,杜甫可不是红遍天的大诗人,不仅杜甫被李白稳稳地碾压,就连王维、孟浩然都比杜甫的名气大。依据在啥呢?盛唐诗人编选诗集,也就是唐人选唐诗,杜甫的诗是落选的。比方说诗集《河岳英灵集》,李白的诗太符合编者的口味了,李白和盛唐简直就是绝配,集子里全然不见杜甫诗歌的影子。

---

[1] 王兆鹏、孙凯云:寻找经典—唐诗百首名篇的定量分析,《文学遗产》,2008年第2期。

要问为啥杜甫的诗被淘汰出局，因为盛唐诗歌，彰显了一种时代性格，被誉为"盛唐气象"。从格调上看，盛唐诗人喜欢诗，是蓬勃的，乐观的，高昂的，杜甫的诗恰恰相反，是沉郁的，浑厚的，低回的。所以，如果让盛唐诗人给杜诗打出一个集体辣评，就是四个字：欣赏不来。尽管杜甫的创作达到了非常成熟的阶段，但是它跟当时的审美取向有点错位。

杜甫自己也是深有感慨的。在他去世的前一年，杜甫诗中说："百年歌自苦，未见有知音。"[1]诗人慨叹自己的诗歌，一直遭受冷遇。

不过，杜甫生前也有几个可怜的好友为他"站台"，比方说，任华，任华有一次写了一首歌行体，来夸杜甫，把杜甫夸成了一朵奇葩："杜拾遗，名甫第二才甚奇。……杜拾遗，知不知？昨日有人诵得数篇黄绢词，吾怪异奇特借问，果然称是杜二之所为。"[2]任华在这里称杜甫的诗是"黄绢词"，咱们都知道，这个说法是有来头的，故事发生在曹操和杨修身上，相当于一个字谜，"黄绢词"就是"绝妙好辞"。[3]

---

[1] 见唐代杜甫《南征》。
[2] 出自唐代任华《寄杜拾遗》。
[3] 出自《世说新语.捷悟十一》。

直到杜甫去世之后，到了中晚唐，杜甫一点一点开始走红。

元稹开个头，开得挺好。因为杜甫的孙子委托元稹，给自己的爷爷杜甫写一篇墓志铭。在这篇墓志铭里，元稹把杜甫的身价抬得非常非常高。[1]大意是说，杜甫的诗"独领风骚"。什么苏武、李陵，什么曹植、刘桢，什么颜延之、谢灵运，什么徐陵、庾信，杜甫之前所有大牌的诗人，被元稹通通点了一回名。元稹意在告诉读者，自打有诗人以来，杜甫兼备各家所长，古今独步，杜甫真的没谁了！

赞杜甫就赞呗，有意思的是，元稹把李白拉进来吐槽了几句，就这样"李杜"联名出场了。元稹指出，李白某些诗，确实和杜甫的某些诗半斤对八两，难分高下。但是接下来有了反转，元稹又指出，杜甫的排律，杜诗的境界，李白望尘莫及。

中唐时期，元白并称，白居易作为元稹的死党，二人"三观"有些接近，白居易接着指出，李白、杜甫的诗，春兰秋菊，各有所长，但是，二人同时皆有瑕疵。李白杜甫，到底谁的诗，更胜一筹呢？这个口水战，永远打不明白。自古就有一种说法，"文无第一，武无第二"。可是，

---

[1] "上薄风骚，下该沈宋，言夺苏李，气吞曹刘，掩颜谢之孤高，杂徐庾之流丽，尽得古今之体势"。语出《唐故工部员外郎杜君墓系铭（并序）》。

高人之中谁更高？此后上千年，这个问题就刹不住车了，成了一个说不完、道不尽、理不清、比不明的话题。

到了"百代文宗"韩愈，韩愈的态度非常强硬，也更加明朗，他直言自己恨不得生出翅膀，去追求李杜的诗歌境界。韩愈指出，无论扬李抑杜，还是扬杜抑李，只要对李杜有贬损、有诋毁，都是愚昧无知，"蚍蜉撼大树，可笑不自量！"李白杜甫，各有各的看点，他们都是诗歌史上无法替代的人："李杜文章在，光焰万丈长"[1]，韩愈的评价，很有分量。李杜诗文并驾齐驱，可以说，韩愈把李白杜甫，双双捧出了新高度。

到了宋代，杜甫诗歌的美誉度，抵达接受史上抛物线的最高点。

03

在两宋，杜甫的咖位日益提升，他在北宋的影响力，某种程度已经反超了李白。尊杜、论杜、学杜成为宋代社会的整体风尚。

举个例子，大宋顶流，非苏轼莫属。苏轼记过一件事，说杜甫曾经给他托过梦。杜甫托个啥梦呢？杜甫告诉苏轼，

---

[1] 见唐代韩愈《调张籍》。

他写的诗《八阵图》，到底是什么意思。大家想，苏轼和杜甫，相隔三百多年，杜甫在梦中来把穿越，特意给苏轼讲解自己写诗的创作意图，多么有戏剧性。

如果这梦是真的，说明啥？苏轼对杜诗的痴迷，已经到了"日有所思，夜有所梦"的地步；如果这梦是假的，又说明啥？苏轼故意导演一出戏，杜撰二人梦中相会的桥段，诗的作者杜甫和自己，一对一，面对面，言之凿凿，倾囊相授，以此证明苏轼对杜诗理解的正确性，权威性。

无论真假，给我们揭示一个客观事实：苏轼乃杜甫真正的隔代知音。

那杜甫在苏轼眼中到底怎样的专业水准呢？苏轼除了给杜甫在政治道德层面，打出一个高分，[1] 苏轼对杜甫的艺术成就也极为推崇，在不少场合将杜甫视为诗坛第一人或者并列第一人。

大家看："而李太白、杜子美以英玮绝世之姿，凌跨百代，古今诗人尽废。然魏、晋以来高风绝尘，亦少衰矣。"[2] 苏轼将李、杜并举，认为自从李白、杜甫跻身诗坛，这是历史上巨大的超越，古今诗人在他俩面前似乎全被废掉了。

---

[1] 出自《王定国诗集叙》：古今诗人众矣，而杜子美为首，岂非以其流落饥寒，终身不用，而一饭未尝忘君也欤。
[2] 出自《书黄子思诗集后》。

【编者语】

"古今诗人众矣,而杜子美为首",时值两宋时期,虽然杜甫的文学成就已经得到了极高的赞誉,一度成为当时社会整体文化的风向标,但杜甫却依然离"诗圣"的历史地位有着一步之遥。这一步也一如他颠沛流离的一生,道阻且长。

"执唐诗牛耳者,唯李、杜二人也!"这对雄踞于唐诗巅峰的"双子星",也是世人永远津津乐道的话题。在与李白在"诗圣之争"中,杜甫将如何突出重围?对苍生的声声关切,对家国的频频回首,杜诗承载的精妙技艺和蕴含的崇高品格,历经了时间的筛选,超越了时代的局限,又对后世产生了怎样深远的影响呢?

在这个看似非理性的极端评价过后,苏轼同时指出,若从超越世俗的审美韵致来看,李、杜都有些欠缺。

众所周知,苏轼是个全能选手,行走的"百科全书",为了定位杜甫在大唐诗坛所处的历史坐标,苏轼还搞了一场群英会,把各路精英进行过横向比较:

"故诗至于杜子美，文至于韩退之，书至于颜鲁公，画至于吴道子，而古今之变，天下之能事毕矣"。[1] 苏轼认为杜甫在诗坛，其地位好有一比，就如同韩愈在文坛、颜真卿在书坛、吴道子在画坛，一切艺术技巧至此，已经全都具备。

苏轼对杜甫的诗不光有品鉴，还能做到烂熟于胸，杜诗占据了苏轼大脑很大的"内存"空间，以至于苏轼看到某些景物，立马就能想到杜诗，无论游览、登临、玩石、赏花、观月、饮酒、论书、评画，都可看到化用杜诗的痕迹，可以说，杜诗已化作苏轼生命的一部分。比方说，苏轼大爱杜甫的一句诗，叫"四更山吐月"[2]，于是他连续作了《江月五首》，根本停不下来。诗里分别有：一更山吐月，二更山吐月，三更山吐月，四更山吐月，五更山吐月。看看吧，苏轼仿效杜甫，几近走火入魔，不从一更写到五更，完全不过瘾。

苏轼的大弟子黄庭坚，也非常了不起啊，那可是开宗立派的人物，江西诗派是宋代最大的一个诗派。该派有"一祖三宗"的说法，[3] 一祖，就是"江西诗派"祖师爷，他

---

[1] 出自《书吴道子画后》。
[2] 见唐代杜甫《月》。
[3] 江西诗派"一祖三宗"："一祖"为杜甫，"三宗"为黄庭坚、陈师道、陈与义三人。

们选中了谁呢？他们把这一票"齐刷刷"投给了杜甫。尊杜甫为祖，尊杜甫为师，成为江西诗派的集体选择。

两宋时期，各种杜诗注本也纷纷问世了，某些注本还成了畅销书，[1] 产生极大的轰动效应。南宋围绕杜甫和韩愈，出现百鸟朝凤、众星捧月般的盛况，杜为诗，韩为文，任何文学家的作品都无法抢过他们的风头，所谓"千家注杜""500家注韩"，[2] 形成文学史上一大奇观。

让我们着急的是，杜甫这个时候，还没有成"圣"。

不过，大家注意，既然杜甫和韩愈到了南宋都有光环加持，秦观在一篇文章中[3]，认为杜甫和韩愈，一诗一文，分别"集大成"。其中将杜甫与孔子类比，隐隐约约地将杜甫视为诗中圣人了。这个秦观是谁呢？大家很熟悉啊，南宋婉约派一代词宗，苏门弟子，就是"两情若是久长时，又岂在朝朝暮暮"的作者。

那直接把杜甫称为"诗圣"是在啥时候呢？

一直到了明代，"诗圣"这个说法，才"千呼万唤始

---

[1] 王洙、王琪编辑的《杜工部集》，刻于嘉祐四年（1059年），王琪当时在苏州刻了一万册，每本定价一千钱，士人仍争相购买。

[2] 《黄氏补千家集注杜工部诗史》，《五百家注韩昌黎集》，系南宋建安魏仲举汇纂前人的韩愈诗文校注成果而成。

[3] 《韩愈论》：孔子，圣之时者也。孔子之谓集大成。呜呼！杜氏、韩氏亦集诗文之大成者欤！

出来"。不过,大家知道吗?当时"诗圣"这一个头衔,可是颁给了两个人。有相当一个时期,李白是和杜甫一起竞争"诗圣"这个名额的。也就是说,"诗圣"之名是否属于杜甫,还具有不彻底性和不唯一性。但是后来,李白逐渐被推出"诗圣"之列,聚光灯打到杜甫一个人身上。

明朝有一位杜甫研究的大专家,名叫王嗣奭。刚才不是说苏轼梦见杜甫吗?这个王嗣奭,更是与杜甫神交多年,他梦到杜甫之后,醒来明确提出:"青莲号诗仙,我翁号诗圣。"[1]打这儿以后,杜甫"诗圣"的称号基本上固定下来了。

04

最后一个问题,杜甫获得"诗圣"的尊称,"诗圣"到底"圣"在哪里?

咱们都知道,王羲之,字写得漂亮,"书圣"。关汉卿,曲写得漂亮,"曲圣"。司马相如,赋写得漂亮,"赋圣"。那"诗圣"呢?仅仅因为杜甫的诗写得漂亮吗?

如果追溯"诗圣"一词的本意,最初就是指诗写得好。

---

[1] 见《梦少陵作》。

朱熹称李白为"圣于诗者"。[1]但是回头看历史上杜甫的"超凡入圣",它是依据创作跟人格两个标准进行考量的结果。所以,"诗圣"堪称一个完美的概念。

首先,杜甫的诗当然上乘,简直是水磨工夫,刮垢磨光。李白只能欣赏,不可超越;杜甫可以学习,却无法企及。杜甫将汉字艺术化排列组合,织成诗歌的锦绣,再凝成时间的琥珀,让我们领略到特有的美学魔力,似乎具有了"立法性"。杜甫的诗,集大成。后来的诗人们,从不同角度,从杜诗那里都能汲取各自需要的一瓢水。

不过,诗圣不只"圣"在艺术,主要"圣"在爱国、爱民、爱家,杜甫的仁爱之心甚至遍及宇宙间一切生命。倘若没有大爱,怎么可以"圣"字加身?凄凉、悲悯,成就了杜诗的"苦难辉煌"。凡是被封"圣"的知识分子,最核心的一点,就是做到了"立德",杜甫"成圣",也成在这个"德"上。

杜甫从大唐盛世一路走来,亲历了这个王朝的风风雨雨,回放杜甫不同时期的不同诗作,我们发现:杜甫这辈子,他的心里头没装别的,战乱怎么样了、长安怎么样了,百姓怎么样了,社稷安危、民生疾苦,这是杜甫从没卸载

---

[1] 出自《朱子语类》。"李太白诗非无法度,乃从容于法度之中,盖圣于诗者也。"

的心理包袱，情感包袱，精神包袱。

清代研究杜诗的大学者仇兆鳌，总结得非常到位：明人之论诗者，推杜甫为诗圣，谓其立言忠厚，可以垂教万世也。[1]

咱们举个例子，文天祥。要问文天祥的精神源头是什么？我认为，第一是儒家精神，第二就是杜甫诗。文天祥被俘之后，誓死不降，在燕京的监狱里，开始用生命体验杜诗，越读越熟，就熟越爱，文天祥觉得，自己想说的话都被杜甫说了，于是摘出杜诗中的五言句子，重新组装，集为绝句，一共集了二百首，它属于集句诗的一种，被称作"集杜诗"。这种作诗套路，表面看是百分百盗窃，实际这是一种再创造，并非文字游戏那么简单，尤其集同一诗人的句子，更像搭积木，难度不亚于原创，大家看，"天地西江远，无家问死生。凉风起天末，万里故乡情"。[2]虽然取自杜甫一字不差的原句，但是如出己手，自然浑成，是不是集得非常妙？这是文天祥与杜甫精神建构的一种深情互动。

文天祥的例子不是孤证，杜甫所有的悲欢，始终和国家和百姓同频共振。博大的仁爱精神，执着的政治信念，

---

[1] 见仇兆鳌《杜诗详注序》。
[2] 见南宋文天祥《思故乡第一百五十六》。

强烈的社会责任感，实际上成了中华民族民族性格的重要组成部分。每当中华民族遭受灾难，志士仁人总会向杜甫致敬，把目光不约而同投向杜甫，杜诗的意义一次次凸显出来。

不爱杜甫，或许有多个理由，爱杜甫，理由一定离不开一点：诗家良心。德国哲学家施丰泽说过："如果我们遇到受其所赐的人，就应当向他们叙述，我们如何受其所赐"，我们需要记住杜甫。究竟是世道凉了他的热血，还是他的热血暖了世道，这是杜甫一生的生命博弈。

"青衫老更斥，饿走半九州。"[1] 杜甫行走中原，逃奔陇蜀，流落湖湘，大半生跌宕经历，数千里江山版图，这样一份独特的生命样本，最终酿造出一千四百多首诗的笔底波澜。杜甫用他颠沛流离的一生，进行了一次崇高人性的诗意展示。对于杜甫而言，且借人间二两墨，一墨写苍生，一墨画山河，正如黄庭坚说，"中原未得平安报，醉里眉攒万国愁。"[2]

曾经有人问我，没有杜甫会怎样？我打了一个比喻，如果说全唐诗是一座文化大厦，把杜甫的诗抽出去，拿走的不是一砖一瓦，而是一梁一柱。说李白，可以用"情调"；

---

[1] 见北宋王安石《杜甫画像》。
[2] 见北宋黄庭坚《杜甫骑驴图》。

说杜甫，只能用"情怀"。

如今杜甫的故居及其行经之处，许多地方都保留了他的遗迹，真假墓地、真假草堂，与杜甫有关的纪念性建筑，遍布全国，堪称中国文学家之最。

这让我想到一部科幻电视剧，梵高在他那个时代，最后穷得连画布都没有。后来，一个神秘博士用时光机，把他带到21世纪的巴黎。梵高在一家博物馆，看到自己的画被精心装裱挂在墙上，讲解员报出了这些画作的天价，并且评价说："这个徜徉在普罗旺斯田野里的奇特男人，不仅是世界上最伟大的画家，也是最伟大的人。"那一刻，梵高哭得像个孩子。我想，如果杜甫穿越回来，看见人们在他的草堂歌颂他、怀念他，他是否也会像梵高那样热泪盈眶？

复盘杜甫这辈子，杜甫的意义属于整个中华文化。"诗圣"影响了、影响着并将继续影响中国人的精神气质。杜甫不仅是中国的，也是世界的，还记得国外杜甫纪录片中那句台词吗——我们有但丁，有莎士比亚，还有杜甫。